女性の「買いたい」を引き出す
魔法の営業トーク

「共感される人材」育成講師
長谷部あゆ
Hasebe Ayu

同文舘出版

はじめに

数ある書籍の中から本書を選んで、手に取っていただいたこと、とてもうれしく思います。ありがとうございます。「共感される人材」育成講師の長谷部あゆです。

私は、講演、研修、執筆で、「ありがとう！　と感謝されて売れるノウハウ」をお伝えしています。そのベースには「営業マンの救世主になりたい」という私の使命があります。営業は、自分にも相手にも無理をさせることなく売れれば、とても楽しい仕事だと感じています。私自身が20年以上トップセールスとして、つらいこともしんどいこともあったからこそ、楽しんでできる営業術をつくり上げることができました。私は、今も営業が大好きですし、得意です。

講師として全国各地でたくさんの人に出会います。講演や研修が終わったあとに、

「営業が好きになれそうです」
「営業を楽しくやれる方法がわかって、勇気がわいてきました」

「明日から営業で結果が出せそうな自信がつきました」

と言っていただけて、この仕事の幸せをかみしめています。

人は誰でも、いつでも、何歳であっても、どんな状況でも、「変わりたい」「変わろう」と思ったら、変われるのです！　営業がつらい、しんどいという気持ちもわかります。私もはじめは営業が大嫌いでしたし、まったく契約が取れませんでした。でも、苦労や挫折を知っている人のほうが成長します。私自身も変われましたし、変わっていった人を何人も見てきました。だからこそ、もっと多くの人に営業が楽しいことを知って欲しくて、楽しく売れる営業マンに変身して欲しくて、私は発信し続けています。

私の営業スタイルは「共感営業」です。営業の場面で、お客様に「共感」いただけることを何よりも大切にしています。商品やサービスを売ることよりも「共感」を意識して接客することで、自然と売れていきます。無理な値引きやお願い営業とは無縁なので、お客様も私もハッピーになれます。悩める営業マンにこそ「共感営業」の方法を知って欲しくて、前著『〝ストレスフリー〟な営業をしよう！　お客様の満足をとことん引き出す『共感』の営業』（同文舘出版）を執筆しました。
そこですべてのノウハウを出し切ったので、「もう書くことはない」と思っていました。

ところが、講師として講演や研修を続けていると、「共感営業のノウハウは理解したので、さらに現場で使えるトークを教えてもらえませんか？」という声をいただくようになりました。さらに、私が「男性と女性では買い物の仕方がまったく違うので、売り方を変えましょう」という話をすると、とても興味深く聞いてくれ、「目からウロコです！　論理はわかったのですが、すぐにできるかどうかの自信がありません。せめて、女性客に絶対に言ってはいけないNGトークと決めゼリフを教えてください」という声をいただくようになりました。

そこで私は、女性客向けのトークをお伝えするようになりました。例えば、「この商品は絶対お買い得ですよ」というのを、「僕が○○さんだったら、絶対にこの商品を買います！」と言い換えると、女性の気持ちは「買いたい」に動くことを解説しました。すると、それを聞いていた男性が「まるで魔法じゃないですか！」とおっしゃいました。

そう言われてみて、「確かに！」と私自身が思いました。言葉の使い方ひとつで、女性の買いたい気持ちは一瞬にして「買いたい」となったり、「やっぱり今は買わない」となったり、さらには「あの店では絶対に買いたくない」となったりするのです。まるで魔法をかけられたみたいに一瞬で気持ちが変わるのです。男性には理解できないかもしれません。

そこで、男性にもわかりやすく使っていただける、女性の「買いたい」を引き出す営業トークのバリエーションをまとめようと思い、本書が生まれました。私が体験して効果があった営業術をベースに、「誰もがすぐに使える実践ノウハウ＆現場で使えるトーク術」を惜しみなく提供します。

女性がおもわず買ってしまう「あなただけトーク」の数々をマスターして、あなたの営業にお役立てください。

Contents

女性の「買いたい」を引き出す

魔法の営業トーク

Prologue

男性客と女性客への売り方を変えて売れる営業マンになろう

基本トーク

Chapter 1

女性客への営業でとても大切なこと

NGトーク

Chapter 2

女性客にマニュアルは響かない営業が頻繁に使っている落とし穴

最初が肝心トーク

Chapter 3

初対面で女性客に好印象を持ってもらえるセリフ

共感のオーバートーク

Chapter 4

共通点を見つけて伝えて、女性客の心をグッとつかむ

本音引き出しトーク

Chapter 5

質問してとことん話してもらう

共感のリアクショントーク

Chapter 6

女性客が共感して話してくれるのは営業マン次第

あなただけトーク

Chapter 7

女性客に最も重要！オンリーワンを感じると心が動く

実は私はトーク

Chapter 8

営業マンが自己開示することで「この人から買いたい」が加速する

ズバリ言います！
でも優しくトーク

Chapter 9

女性客は背中を押されたい クロージングで

Epilogue

「売り手も買い手もハッピー」を目指して感謝される営業マンになろう

本文デザイン・DTP／徳永裕美（ISSHIKI）

Prologue

男性客と女性客への売り方を変えて売れる営業マンになろう

01

多くの消費の決定権は女性が握っています！

家庭では、奥様がご主人や子どもや両親のもの、生活必需品から贈答品まで、家庭の代表として買い物をしている場合が多くあります。

そして、女性は自分がよかったと思う商品やお店を、男性よりもずっと多くクチコミします。これは女性の「話したい」「聞いて欲しい」「共有したい」「自慢したい」という性質からきていると私は確信しています。例えば、友人が素敵な服を着ていた場合、「どこで買ったの？」と女性は気軽に聞きますが、男性はあまり聞かないのではないでしょうか。そして聞かれた女性はうれしそうに話すのです。どこで買ったのかはもちろん、いつ、いくらだったのかまでも。

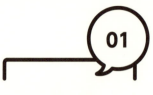

企業での商談では、話を聞くのは男性の社長であっても、最終的な決裁権は経理担当の奥様であったりします。備品や消耗品などの購入は、秘書や事務員の女性に任されている場合も多くあります。

つまり、**男性ひとりをお客様にするよりも、女性ひとりをお客様にしたほうが、クチコミによる広がりの効果を含めて、売れる確率は高く、影響力は大きい**のです。

これは経済誌や勉強会などでも言われていることですので、すでにあなたも知っているかもしれませんね。では、男性客向けと女性客向けの売り方を明確に分けていますか？　営業トークを変えていますか？　営業マンとして、意識しているでしょうか。

02

私は女性客にこだわったから売れまくりました

私が住宅リフォームの営業として現場監督もしながら、年間1億円以上売り続けていた大きな理由に、**「奥様に気に入ってもらえた」**という点があります。営業戦略として「奥様と仲よくなる」ことを意識して、建築やインテリア関連の資格を取る以外に、コミュニケーションや心理学やマーケティングの勉強をしました。

そのきっかけは、私が営業をはじめた頃、全然売れなかったからです。私は26歳の時に、化粧品会社から小さな家族経営の工務店に転職しました。

新聞折り込みでチラシを出しても、ポスティングをしても、問い合わせはほとんどありません。次に飛び込み訪問や電話帳でのテレアポをしますが効果なし。たまに、チラシの反響で見積り依頼があり、現場調査とヒアリングをしたあとに、プランと見積書を提出しますが、結局、相見積りで勝てないという状況が続きました。

ライバルはブランド力のある大手企業や工務店ばかり。そんな中で、「資格なし・肩書きなし・会社のブランド力なし・20代独身」の私が、競合のベテラン営業マンに勝てるわけがありません。

そこで必死に「どうしたらお客様が私から買ってくれるのか」を考えました。あらゆる状況で不利な私は、ライバルの営業マンがあまりやっていないことを極めないと選んでもらえません。そこで、お客様をしっかり観察することにしたのです。

住宅リフォームは高価な買い物です。購入頻度は少なく、人生や生活に密接に関係するので、お客様は慎重になります。打ち合わせの時はご夫婦で、特にご主人が中心になってお話しされることが主流でした。ところが回を重ねると、「もうあとは妻に任せるから」と、途中で奥様にバトンタッチされる方が多くいました。

そんなある時、「見積りをもらった2つの工務店さんで、最終的にどちらに決めるかを迷っている」と言われるご夫婦がいらっしゃいました。そして、そのご主人が「もうお前が決めたらいいよ」と、私の前で奥様におっしゃったのです。また、違う家の奥様は、「お金を出すのは主人。でも決めるのは私なのよ」とおっしゃいました。

「決裁権は奥様にある！」

そう確信した私は、徹底的に「女性客に売る」ための勉強をして、営業の場面で実践し、その結果、ライバルに負けない営業マンに変わることができたのです。

その後、私は11年の住宅リフォーム営業を経て、主婦向けの地域情報紙を発行する会社へ転職しました。地元のお店や会社や個人事業主への広告企画営業の仕事です。ここで私の積み上げてきた「女性客向けに売るノウハウ」を最大限に発揮することができました。

広告主にとっての顧客対象でもある読者は女性。一方で、広告主である経営者は男性が多かったのです。そこで、私の女性客に売るノウハウを提案することで、関心、信頼をいただき、ライバルの大手企業を差し置いて、広告依頼をガンガンいただくことができました。

例えば、今までは広告の中で、イチオシメニュー、内容、金額、商品の写真というものを載せるのが通常でした。しかし、それでは同業他社や他店との差別化がしにくく、女性客の心もなかなかつかめません。

そこで私が進んでやっていたのは、社長をはじめとする人物インタビューです。大きめの顔写真と今のお店や会社をつくった想い、仕事にかける想いを記事にして載せます。

商品の紹介や金額はいっさいなしです。こちらのほうが女性客に共感してもらえ、売上にも直結しました。商品の情報だけでは、他社も同じものを売っている場合、違いが見つけられず値段に目がいくばかりです。

だからこそ、**誰がどんな想いでその商品をつくっているのか、売っているのかというところが、「共感」してもらえるポイント**です。女性はその部分に敏感に反応します。

広告営業では多業種の広告やイベント、セミナーも企画担当し、「女性客に気に入ってもらう」というコンセプトにしたものは、ことごとくヒットしました。おかげで私は、リピートや紹介が絶えず、営業成績は安定してよい成果を出せていました。

03

男性の買い物と女性の買い物はまったく違います

勉強するまでは私も考えたことがなかったのですが、男性と女性の買い物の仕方はまったく違います。例えば奥様との打ち合わせでの、本題と関係のない無駄に思えるおしゃべりも、あちこち話が飛んでしまうことも、営業マンの対応次第で、買いたい気持ちにも買いたくない気持ちにもさせてしまうことがあります。

男性は「買い物＝結果」ですが、女性は「買い物＝手段」なのです。

どういうことかというと、男性は買い物という目的に向かってまっすぐに進みます。寄り道のような無駄なことはしません。最短距離で効率よく目的を達成するのです。

ところが、**女性は買い物をしていること自体が楽しい**のです。あれもこれも、気になる情報はすべて集めて、営業マンに話します。話している途中に浮かんできた情報や、目に入った気になることも全部言っちゃうのです。だから話があちこちに脱線します。話が長くてどこに向かっているのか、聞いている営業マンはモヤモヤしたりもするでしょう。

これらは、専門家によると「男女の思考の違い」や「男女の脳の違い」と言われています。男性の思考は「山登り」、女性の思考は「川下り」と表現されている方がいて、見事に言い当てていると私は感じました。

「山登り」は頂上を目指すことが目的。そのためにどんなルートで、どういうペースで行くか、計画を立てて実行します。険しい山だと道中は苦しいことも多いですが、頂上に着いた時の達成感や素晴らしい景色を目の前にするとすべてが報われるでしょう。頂上で気持ちがＭＡＸになります。

ところが「川下り」は真逆です。「きゃ～！」とか「わ～！」とか言いながら、水しぶきを浴びて、左右上下に揺れる船の上が、気持ちがＭＡＸになる時です。ゴールに着くと「終わってしまった」という状態になるのです。

04

女性はいつだって自分が主役。買い物も「主役はモノではなく私」

男性の「買い物＝結果」、女性の「買い物＝手段」には、もうひとつの見解がありま す。男性は商品を手に入れたら目的達成なのですが、実は女性はその先にこそ本当の目的があります。

それは、**その商品を使っている私がどうなっているのか**ということです。無形のサービスであれば、そのサービスを受けた私がどうなっているのか、です。

例えば洋服を買うとしたら、「この服を着ている私はどう見えるだろう?」「友達になんて言われるだろう?」「主人は似合うって言ってくれるかな?」と考えて買い物をしています。実はこれ、妄想に近いのです。

また、「あのコートと合うかな?」と並行して考えたりもします。これも女性特有と言われています。女性はいろいろなことを一度に考えることができるのです。あれこれ考えて、総合的に買うか買わないかを判断します。あくまでも主役は自分です。

これを知らない営業マンがやってしまうのが「いきなり商品説明」です。男性客向けにはそれでいいでしょう。男性は買い物をする時に「機能・性能」に大きなポイントを置いています。いわゆる「スペック」です。

しかし、女性は違います。スペックにはあまり興味がないと言えます。スペックよりも自分に合うのかどうかのほうが大事。この感覚、男性には「理解に苦しむ」と言われたりもします。そんな場合、私はこう言います。

理解しようとしないでください。

ただ、そういうものだと知っておくだけで大丈夫です。

ここで禁句を教えます。女性客が話している最中に、「ところで、今日の目的はなんでしょうか？」などの買い物の目的をすぐに求めるセリフは決して言わないでください。

これを言うと、女性客は気分を悪くします。最悪の場合、もうあなたからは買いたくないと決断されてしまいます。男性客と違って、女性客は商品やサービス＋売っている人をワンセットで考えます。すごく気に入って買おうと決めているものであっても、売っている人の接客態度が気に入らなくなれば、一気に白紙に戻すのが女性です。その理由は「なんか嫌だ」という、あいまいなものであったりもします。

しかし、女性の「なんか」はとても重要なのです。女性は直感や感覚やイメージを大事にしています。だから買わない理由について理論的になんて説明できません。女ゴコロは繊細で複雑なのです。

05

車を「突然」「直感」で買う女性の気持ち

男女の買い物の感覚の違いに、改めて驚くことがあります。もちろん、人それぞれの価値観によって違いはありますが、衝動買い、感覚買いをするのは圧倒的に男性よりも女性です。

私は21歳の時に車を衝動買いしました。いつか車が欲しいとぼんやりと考えてはいたのですが、ある日、新聞に折り込まれたチラシに載っている赤い車を見て、ビビッときました。車の色と形に一目惚れ。「カッコイイ！　この車だ！」。直感でそう感じた私は、そのチラシを握りしめて、お店に飛んで行きました。

ショールームスタッフの方にチラシを見せて、「この車をください！」と言ったら、びっくりされてしまいました。なぜなら、私がその車の名前を知らなかったからです。私はチラシを見た時、メーカーがどこなのか気にもせず、初めて目にするまったく知らない車だったにもかかわらず、直感で購入を決めたのです。

これを言うと、男性には「ありえない！」と言われます。男性が車を買う場合、たいていメーカーや車種から決めますよね。そしてカタログを取り寄せたり、ネットで調べたり、ショールームに行って、排気量や燃費などのスペックを細かに調べてから、最終的に色を決めるでしょう。

でも私は「見た目」だけで決めました。その「車」というよりも、「赤い車」に一目惚れしたのです。実際、ショールームで「今、赤はないのですが、白ならすぐにありますよ」と言われても、即効で断りました。

排気量や燃費などよりも色が大切だったのです。見た目さえよければ、あとは走ればいいと考えているくらいです。極端な例ですが、この話を女性にすると、「わかる！」「私も見た目で買いました」と共感してもらえます。

「私の妻もまったく同じです」とおっしゃる男性がいらっしゃいました。

その方の奥様は赤いフォルクスワーゲンを買われたそうです。ある日ご夫婦で街を歩いている時に、同じ車とすれ違ったので、ご主人は奥様に話しかけました。

ご主人「ほら、君の車と同じワーゲンだよ」
奥様「ぜんぜん違うじゃない」
ご主人「え？　同じだよ」
奥様「私のは赤い車。あれは白い。ぜんぜん一緒じゃないわよ」

そしてその後、同じような赤い色のカローラが通りました。すると奥様が、「ほら、あれが私と同じ色の車よ」と笑顔でご主人に言われたそうです。

この女性の気持ちがわかりますか？　その車種だから買ったのではなく、その色だから買ったのです。

「赤い車に乗っている私ってかわいい、人からもそう見られるかな」という、まさに「買い物の主役は私」である女性の買い物なのです。

06

女性客がおもわず買ってしまう「あなただけトーク」

男性と女性の買い物がまったく違うということを理解していただけましたか？　今まで考えたこともなかったとしたら、ここまでの話を読んで、もしかして女性というものが恐ろしくなってきましたか？　しかし、女性客は気に入ってくれたら何度も購入するリピーターになったり、友達を紹介してくれたりするので、味方につけると心強いサポーターになりますよ。肝は、前述した、主役は「商品」ではなくて「自分」ということです。

では、女性客はどんな人から買いたいと思っているのでしょうか。それは、**「私だけ」**

を見て、思って、考えて接客・営業してくれる人です。誰に対しても同じ扱いをしている、同じセリフで接客をしている、マニュアルの営業トークをしているとわかると、がっかりします。なんと言っても、自分が主役なのですから。「どうせ誰にでも言ってるんでしょ」「どうせマニュアルなんでしょ」と思うと、もうだめなのです。

私が社会人になりたての頃に受けた接客研修でも、営業マンになってから受けた研修でも、商品説明がメインでした。

今もそうです。飛び込み訪問での営業も、電話での営業も、お店やショールームに行った時も、いきなり商品説明がはじまることは昔から変わっていません。

それでは女性客の心をつかめません。マニュアルトークが悪いとは言いません。しかし女性客は、誰にでも同じトークをしていると感じると、心が動かないのです。**目の前の私だけを思ってくれる人から買いたい。「あなただけトーク」に心が動きます。**

男性と女性の買い物の仕方は全然違うということを知っていただきましたね。今まで意識していなかったことを意識するだけで、あなたの営業や販売によい変化が起きる大きな一歩です。さらに大切なことは、実際に営業や販売の現場であなたがどうしたらいいのか、どう言えばいいのか、ということですね。「知っている」だけではなく「使える」ものにして、売上アップに直結させる。これが大事です。

大丈夫です。安心して私にお任せください！

まずは、楽しみにして本書を読み進めていってください。

基本トーク

Chapter

1

女性客への営業でとても大切なこと

解説

女性客への営業は、プライベートで仲のよい友達に「おすすめ」している感じで

本書では、「男性客と女性客は違う」ことを知っていただき、営業ですぐに使える具体的なトーク例をたくさんお伝えしていきます。

しかし、具体的なトークを身につけていただくその前に、知っておいて欲しい「6つの基本」があります。この「6つの基本」はあなたのいつもの売り方とかけ離れていたり、真逆かもしれません。私が研修や講演で話すと、特に男性のみなさんの目が点になっていることがあります。中には「まったく理解できません」とおっしゃる方も。理解できなくてもいいです。ただ、知ってください。意識をしてください。そして、ここで学んだことを現場で使ってみてください。

例えば、あなたはラーメンが大好きだとしましょう。そして、あなたの友達の吉田くんもラーメンが大好きだとしましょう。あなたがたまたま初めて入ったお店で食べたラ

ーメンが、今まで食べたラーメンの中で一番おいしかったとしたら、あなたはきっと興奮気味に吉田くんにその話をしますよね。そのベースには「吉田くんに言ったらきっと喜んでくれる」という気持ちがあるでしょう。あなたは、ただラーメンの話がしたいから、誰でもいいから、話すわけではないはずです。吉田くんの気持ちを無視して話すこともないでしょう。吉田くんにそのラーメン店に何がなんでも行ってもらわないと困ると思うこともないでしょう。

女性客への営業や販売は、実はこのようにプライベートで仲のよい友達に「おすすめ」している感じで話すのがいいのです。楽しくて盛り上がって、会話がどんどん弾む↓あなたはもちろん「買っても買わなくてもどっちでもいい」と思っている↓しかし、たいてい友達は喜んで買う、という状況です。

今は「?」と思っていても、本書を読み終えた頃にはマスターできるので大丈夫です！　では、具体的に説明していきますね。

01

トークでの主役を「商品」から「女性客」に変える

▼いつでも買い物の主役は自分という女性

女性にとって、買い物の主役は商品ではなく「自分」。ですが、ほとんどの営業トークでは「商品」が主役になっています。例えば、住宅のショールームでシステムキッチンを見ている女性客に、ビルトインコンロの説明をする営業マンの場合。

「このコンロのガラストップは、高級感もあって汚れにくく、掃除もしやすいです」

「温度センサーに、過熱防止や消し忘れ消化機能がついているので、火災になることがありません」

というように、「いかに商品がすごいか」というトークをしているのです。男性客向けにはそれでいいでしょう。スペック重視ですから。でも女性客は、商品のすごさにはあまり興味がないのです。**「自分にとってどうなのか?」「それを使った自分がどうなるのか?」が重要で、そこがずれていると逆効果にもなりかねません。**

ではどうすればいいかをお伝えしましょう。商品を説明するよりも前に、まずは質問をして女性客の話をたくさん聞いてください。どんなことに興味があるのか、どんなイメージを持っているのか、どうなりたいのかを話してもらうことで、どんどん女性客が買いたい気持ちになるのです。主役はあくまでも商品ではなく、女性客であることを忘れないでください。

さらに、

「○○様が今お使いのコンロで、困ってらっしゃることはありますか?」
「○○様は最新のコンロになったら、どんなお料理をつくってみたいですか?」

このように、主語を「商品」ではなく「女性客」にすることが、最大のポイントです。

02

結論を急がない

▼女性客はあれこれ考えて時間をかけて買い物をする傾向がある

ブティックに行くと「何かお探しですか？」と聞かれる。
住宅展示場に行くと「新築をお考えですか？」と聞かれる。
健康食品のサンプル請求をすると「気になるのはどこですか？」と聞かれる。
携帯電話ショップに行くと「今日はどのようなご用件ですか？」と聞かれる。

正直、女性はそう言われても困るんです！

営業マンも販売員もすぐに結論を聞きたがります。でも女性は、特に何も決めずに買い物に行く場合も多いのです。商品に興味はもちろんあります。ただ、何かひとつに決めていない、いつ買うかも決めていない。具体的なことは何も決めていないけど、「いつか買えたらいいな」「何かいいものないかな」「今ってどんなのが流行っているんだろう」というような、軽い気持ちで店やショールームに入ったり、問い合わせたりをします。プロローグでお伝えした、「買い物が目的ではない」ということ。

なので、お店に一歩踏み入れた途端に、営業マンが結論を迫ってくると女性客はとても困ります。なぜなら決めていないのだから。「何かお探しですか？」と聞かれても、「いえ、特に何も……」と答えるしかなくなります。そして、そう答えるとだいたい気まずい感じになります。「何も探してないのになんで来たの？」と思われているような気がして、不安になり、すぐに店を出てしまいたくなります。

これはもったいないことです。見込み客を逃がしています。なぜなら、まったく買う気がない「冷やかし」ではなく、**女性客は買い物を楽しみたいから。**いろいろなものを見たいし、聞きたい。営業マンや販売員との相性を本能的に確認しているというのもあります。居心地のいい時間を提供してくれたら、衝動買いしたりもするのです。結論を迫らずに、一度飲み込んで、まずはニコニコと微笑みかけることをおすすめします。

03

話にとことんつき合う

▼話をたくさん聞いてくれる人から買いたいという心理

営業マンも販売員も大抵、よくしゃべります。一歩お店に足を踏み入れた途端、目が合った次の瞬間、商品説明が長々とはじまる場合があります。他にも、

「この商品はね、今とても流行っているんですよ。タレントの○○さんも愛用してるんですよ！」

「それ、僕も持っています。気に入って使ってるんですよ」

「業界初の特徴がすごいんですよ。絶対おすすめです」

などなど。聞いてもいないのに、いらない情報が出てくる……。

ズバリ言います！

商品説明もあなたの情報もまったく不要なので、とにかく黙ってにこやかに女性客の話を聞いてください。女性客はいっぱい話したいんです。あれもこれも気になることがあるのです。女性は話していく中で、頭にいろいろな情報が浮かんできて、すべてを吐き出すことで、自分で答えを見つけるのです。そうして、欲しい物、買いたい物がはっきりとしてくるのです。

女性客がたくさん話している途中で、「つまり」「でも」「僕は」「それって」などと、話の腰を折らないでください。一気に買う気がなくなります。女性は話を聞いてくれる人が好きです。聞きたいことがある時は、「どう思います?」「どうなんですか?」と自分から質問します。女性客が質問をするまでは、うなずきと相槌をして聞いて欲しいのです。私はファーストコンタクトでは「お客様に8割話してもらう」と決めていました。接客、営業として20年以上現場でやってきて私が確信したことがあります。それは、「自分よりもお客様がたくさん話した時のほうが売れる」ということです。

04

否定をしない。間違っていても正さない

▼否定をされると買う気がなくなる気分屋

女性客「保険か〜。子どもが生まれたら学資保険には入ろうと思ってるんだけど、それだけでなんとかなるかなって、思ってるんです」

営業マン「そうですね。でも奥様、何かあった時に困るのは奥様ですよ」

女性客「うーん、何かってめったにないことだから。あまり考えてないんです」

営業マン「確かに、そうですよね。でも何かあってからではもう間に合いませんよ」

女性客「そうなんだろうけど、イメージができないんですよねえ……」

営業マン「わかります。でも何もない時だからこそ、今考えることが重要なんです」

このような会話。セールスの応酬話法「イエスバット法」。相手の話をいったん受け入れて、そのあとに自分の言いたいことを言う方法です。私も社会人1年生の時に研修で教わりました。すぐに否定せずにいったん受け入れてから否定するので大丈夫だと。

しかし実際の現場では、まったくもってうまくいかなかった。特に女性客は、感情や感覚で直感的に判断をします。目の前の人が専門家であろうが、ベテランであろうが、自分の意見を否定されるとムッとします。**「でも」「しかし」「そのようにおっしゃいましても」という言葉を聞いた途端、心の中は戦闘態勢です。**

初めから買う気がないわけではないのに、意見を否定されると買う気が確実になくなっていきます。なぜなら目の前の人が自分の敵なのだから。私はお客様を否定するのをやめました。そこは個人の考えだからです。まだ信頼関係ができていない時点での、専門家アドバイスは響きません。安心・信頼してもらって、「教えて欲しい」「相談にのって欲しい」「どう思うか聞かせて欲しい」と言われて初めて、私の意見を伝えます。

信頼関係ができて長いおつき合いになっても、決してお客様のおっしゃることは否定しません。間違っていても正しません。否定の接続詞は販売の現場では封印しましょう。

05

「年齢」の話題はくれぐれも慎重に

▼女性は「年齢」にとても繊細

「女性に年齢を聞くのは失礼」ということは、さすがに知っていますよね。直接聞くのはもちろんNGですが、直接でなくても十分に気をつけなければなりません。特に40代~50代の女性は、年齢や若さの話題に繊細です。あなたが20代ならピンとこないと思うので、しっかり意識してくださいね。

業種によってはお客様のカルテをはじめにつくることがあります。その時に生年月日を書き込んでもらう欄。あれもよくない。営業マンや販売員は「書けるところだけでいいですよ」とよく言いますけど、そのセリフはぜんぜんフォローになっていません。逆に女性は年齢を書けない自分に対して、少しブルーな気分になってしまうからです。

そもそも、お客様の年齢情報は必要でしょうか。さほど必要でないなら書いていただくのは月日だけにしてください。売っている商品の特質上、お客様のおおよその年齢が知りたいのであれば、会話の中から引き出す方法をおすすめします。例えばお子さんの話題になるとお子さんの年齢から推定することができますよね。お客様が自分からどんどん話してくれるトークの引き出し方については、本書でたくさんお伝えしていきます。

私が27歳の時の失敗談です。その女性客は、とてもきれいでお若く見える方でした。

女性客「私、何歳だと思います?」
私「うーん……。30代後半くらいですか?」
女性客「やだー。実は49歳なのよ!」
私「えっ!　お若いですね!　母と同い年です」
女性客「え……、そうなんだ（沈黙）」

一気に空気が悪くなりました。余計なひと言でした。「お若いですね!」と返すこと以外は言わないほうがいいと確信した瞬間でした。くれぐれもお気をつけください。

06

頻繁に名前を呼ぶ

▼自分だけに向き合ってくれている気持ちになる

なぜ、名前を知っているのに呼んでくれない営業マンや販売員が多いんだろう？　ひとりで行くと「お客様」と呼ばれ、夫と一緒にいると「奥様」、子どもと一緒にいると「お母様」。確かに間違いではないけれど、心に響かない。事前に予約して行っているホテルや、何度もリピートしているネイルサロンでも**「お客様」と呼ばれることに、さみしい気持ちを感じます。**「目の前のひとりの私を見て欲しいのに」と感じるのです。

男性は、「え？　なんで？」と驚くかもしれません。以前、この話を営業職の方にすると、「ご夫婦でいらっしゃる時には、やっぱり奥様としか言えませんよ」とおっしゃ

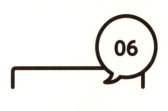

っていました。また、女性客ひとりの時も、「名前を呼ぶなんて馴れ馴れしいと思われてしまいませんかね。お客様と呼んだほうが丁寧な印象を与えますよね」とのこと。

女性客は違うのです!

「お客様」「奥様」「お母様」と呼ばれるほど、「みんなに言ってるんだろうな」というマニュアルトークに聞こえます。**初めてお会いした方でも、名前を呼ばれることは、たったひとりの自分に向き合ってくれている気がしてうれしいものです。**相手に好感が持てます。

おすすめは「名字+さん」です。業界の常識はあるかもしれませんが、何度か会っている方には、「田中様」ではなく「田中さん」のほうが、ぐっと女性の心をひきつけます。「様」はよそよそしいというか距離を感じるのです。ご夫婦のお客様の場合は、「田中さんの奥様」とやはり名前を呼びましょう。

トークの中で意識して「○○さん」と名前を呼びかけるようにしてみると、今まで以上に会話がスムーズに流れますよ。

コラム❶

「お客様からお友達を紹介してもらう」なんて素敵な響きでしょう。

今の時代、新規客を集めるのは大変です。高額商品の場合は特にそうです。私も苦労しました。新規客とは関係を一からつくらなければなりませんし、お互いにストレスがかかります。しかも、大事に大事に関係を構築しても、契約いただけるとは限りません。住宅リフォームの営業をしていた時は、数社の相見積りが当たり前だったので、長い時間をかけても契約に至らないことがありました。そんな時は正直、どっと疲れてしまいます。

ある時、ふと気がつきました。「そうか！　よく買っていただいているお客様からお友達を紹介してもらえばいいのでは」と。紹介なら契約の確率もアップするに違いない。よく買ってくれているということは、私や会社の「ファン」であることには間違いない。だから、きっとクチコミもしてくれるはず。そう考えた私は、上得意のお客様に伝えてみました。

私　「○○さんのお友達で住宅リフォームをお考えの方がいたら紹介してください」

お客様「わかったわ。もしいたら紹介するわね」

笑顔で快く言ってくださったので、紹介いただけるものと思っていました。ところが……、いつまで経っても紹介いただけません。

「紹介って難しいんだ」そう思っていた時、いつも行っている美容室でまったく同じことを言われたのです。お友達を紹介して欲しいと。そして名刺サイズのカードをもらいました。そこには「お友達紹介カード」と書いてありました！　そしてそのカードには、期限と、紹介した人も紹介してもらった人も使える500円の金券プレゼントと書いてありました！

美容師さんから「このカードを紹介したいお友達に渡してくださいね」と言われて、心の中で「これだ！」と私は叫びました。女性客には、口頭でのお願いだけではなく、直接渡せるツールがあるほうがいい。期限設定も効果的だし、視覚に訴えたほうがリアリティが伝わる。それにカードを見るたびに思い出してもらえる。早速、この方法を取り入れることにしました。

NG トーク

Chapter

2

女性客にマニュアルは響かない営業が頻繁に使っている落とし穴

解説

心がこもっていないマニュアルトークは女性客に見抜かれます

私が法人向けの広告企画営業をしていた時、他業界でルートセールスをしていた男性が転職で入社してきました。「即戦力になる人だから、期待できるよ！」と上司がとてもうれしそうに私たちに報告してくれたのを覚えています。入社後、上司から渡されたリストをもとにテレアポをする彼。ところが予想に反して一向にアポが取れず、毎日大苦戦。同じ営業職であっても新規獲得営業をしたことがない彼は、なぜアポイントが取れないのか、なぜ営業がうまくいかないのか、まったくわからないようでした。

ある日、その彼に聞かれました。

後輩「どうしたら長谷部さんみたいに営業が得意になれますか？」
私「電話でアポが取れないんだよね。どうやって話してるの？」
後輩「これです。○○さんにもらったテレアポマニュアルです。ちゃんとこの通りに話してます。なのに取れないんです」
私　「あ〜、だからだね」
後輩　「え？　どういうことですか？」
私　「マニュアル通りに話すから取れないってこと。それをやめたらアポが取れるよ」
後輩　「えっ！　そうなんですか？」
私　「私ならそれを見ずに電話するわ」

マニュアルトークを全否定しているのではありません。私が言いたいのは、誰に対しても機械的に、原稿を読んでいるように話してしまっていることが問題なのです。心がこもっていないことが、電話であっても対面であってもお客様にわかってしまうのです。感性に敏感な女性客であればなおさら見抜かれてしまいます。冒頭の挨拶から、心を込めて自分の言葉で話しかけなければお客様の心は動かないのです。

本章では、営業の現場でよく使われているマニュアルトークの「落とし穴」についてお伝えします。

01

「お忙しいところ恐れ入りますが」

▼忙しくなくても、忙しい気持ちにさせてしまう

テレアポや飛び込み営業では、お決まりのこのセリフ。こんなに時代は変化しているのに、営業トークマニュアルは驚くほど古くさいまま。「お忙しいところ恐れ入りますが、わたくし〇〇会社の□□□と申します」。私はこの営業トークは使いません。

自分がお客の立場になった時、営業マンから言われたら嫌だからです。「女性は理屈っぽい」と言われていますが、確かにそうだと思います。会話の中での一つひとつの言葉に敏感に反応し、ひとつでもひっかかりがあると、そこで思考がストップします。そうなるとその後の言葉がまるで入ってきません。**「恐れ入りますが」って言っているけ**

ど、「本当に悪いと思ってないよね？」と思い、続く会話にも、「思ってもいないくせに」と、営業マンが言っていることがいちいちひっかかります。

NGな理由はもうひとつ。「言霊（ことだま）」という言葉があります。インターネットの辞書「デジタル大辞泉」では、「古代日本で、言葉に宿っていると信じられていた不思議な力。発した言葉どおりの結果を現す力があるとされた」と解説されています。

つまり**「お忙しいところ恐れ入りますが」と言われると、忙しくしていなくても、忙しい気持ちにさせてしまうのです。**営業マンが気遣いを伝えたいという意味で使っていたとしても、「忙しい時間に何よ」と思わせてしまい、逆効果を与えてしまっているのです。これではせっかくいい商品やサービスがあっても、話を十分に聞いてもらえない可能性があります。

ではどうすればいいのでしょう。**まずは「脱マニュアル！」です。**自分の言葉で心をこめて話すことを基本に置いてください。「お忙しいところ恐れ入りますが」と言うところを、「今、お時間5分だけよろしいですか？」というように言い換えてください。

冒頭の営業トークに関しては、Chapter3でさらに詳しく説明していきます。

02

「弊社」「当店」「私ども」

▼団体名だと、距離を感じさせてしまう

営業マンがよく使う「弊社は」という表現。当たり前のように使っているし、マニュアルにも頻繁に登場します。しかし、この「弊社」という言葉。日常会話には出てきません。特に専業主婦や小さなお店で働く女性にとっては聞き慣れない言葉です。会社に勤めた経験が一度でもあれば知ってはいますが、普段聞き慣れていない言葉は耳に入ってきません。響かない、心が動かない言葉です。

「弊社」、またある時は「私ども」「うちの会社」。店であれば「当店」「うちの店」。大きな会社の営業マンであればあるほどよく使います。その会社や一員であることに

誇りを感じているのだと思います。男性客相手であれば、会社の「ブランド力」は響くでしょう。でも女性客にはあまり響きません。

それどころか、**目の前にいるのは自分ひとりなのに、「弊社は」と言われるたびに、どんどん距離が離れていきます。**「あなたが会社なの？」と、会社やお店という物体だと感じるほど、会話が冷たいものだととらえてしまう。「だいたいひとりで来ているのに、『私ども』っておかしいでしょう」と、直接は言わないけれど、心の中でツッコミを入れているんです。

どんなに大きな会社や組織の営業マンであっても、目の前のただひとりの人として接しないとだめなのです。営業は、一般客向けのBtoCであっても法人向けのBtoBであっても「人対人」なのです。

取引は「会社対人」「会社対会社」であっても、**営業は目の前のたった「ひとりの人」と「ひとりの人」によって成り立っています。**それを決して忘れないでください。だから、営業トークの主語は「私」や「僕」です。一人称を使うことを常に意識してください。

03

「近くまで来たので寄らせていただきました」

▼2つの逆効果を発生させてしまう

古くさい営業トークマニュアルの定番です。いまだによく聞きます。私はこのセリフを聞くと「それ、言う必要ある？」と思います。昔は、本当に「近くまで来たので寄ってみる」という営業が多かったのかもしれません。しかし、昔と今では家庭にいる人も会社にいる人も時間の使い方が変わっています。**携帯電話やメールの普及もあって「アポなし行動」はしない傾向に進んでいます。**

だから、**この営業トークは時代に合っていないのです。**「そんなに気にすることないでしょう」「また理屈っぽい」と思われるかもしれませんが、一つひとつの言葉が妙に気になるのが女性というものです。

「近くまで来たので寄らせていただきました」というセリフは、アポなし訪問の時に使いますよね。突然訪問し、お客様が「え！　突然どうしたんですか？」と驚くので、それに対する理由です。しかし、そもそもアポなし訪問って迷惑ではないですか？　前述の「お忙しいところ恐れ入りますが」もそうですが、忙しいのがわかっていて営業マンの都合だけで電話をしたり訪問したりって。口には出さないけど、そう感じているお客様はたくさんいらっしゃいます。

さらに、この言葉には2つの逆効果が発生する場合があります。ひとつは**「はいはい。どうせ誰にでも言っているんでしょう」**と思われること。つまり、口実であることが完全にばれている点。もうひとつは、**「近くまで来たから寄った？　そんなついでの理由なのね」**と、〝わざわざ〟来てくれていないことで不満を与えてしまうこと。

いずれにしても、営業マンにとってよいことがまったくありません。私なら、もし本当に近くに来たから寄っただけだったとしても、「〇〇さんの顔が見たくてわざわざ来ました」と伝えます。「ついでに来た人」と「わざわざ来てくれた人」。どっちの人の話を快く聞いてくれると思いますか？

04

「この地域の担当になりましたので、ご挨拶に来ました」

▼都合を押しつけられている気にさせてしまう

この挨拶も営業トークのお決まり文句です。アポなし営業をする時は、なぜ来たのかを言うほうが、営業マンが話を続けやすいのだと思います。でも冷静に考えてみてください。「この地域の担当になりましたので、ご挨拶に来ました」と、元気よく言われても、「そんなのそちらの都合よね。私に関係あるの？」と女性客は考えてしまいます。しかも、既に使っている商品やサービスの営業担当者が変わったのならともかく、買ったこともない、会社もよく知らないのに、そんなこと言われても……。

恐らく、新入営業社員が担当地域を振り分けられたあと、「まずは挨拶にまわって来なさい」と言われて、トークマニュアルを渡されることが多いでしょう。確かに私も新人の時は、違和感があっても、本心ではやりたくなくても、先輩の言われた通りにひとまずはマニュアル通りやってみました。でも、何度か繰り返し、お客様の反応を見ていると、「この言葉、響いてないな」というのがわかります。もちろん、お客様は正直に言ってくれません。でも、だからこそ営業マンとして大切なのは、「マニュアル通りに話さなければ」ということよりも、**お客様視点に立って「こう言われたら話を聞く気になれない」「こう言われたら話を聞こうと思う」の違いを敏感に感じ取って、その後の営業トークを営業効果のあるほうへ変えていくことです。**

私の経験では、「この地域の担当です」と言って来た営業マンが、その後来たことはありませんし、毎年のように担当者が変わっていくことも多くて、そのたびに挨拶だけに来ています。ズバリ言います。「とりあえず、言っている」だけならやめましょう！

お客様を訪問した理由はなんですか？　挨拶なら、「私、○○会社の□□□□です。これから△△さんに末長いおつき合いをしていただけたらうれしいです。よろしくお願いします」とストレートに伝えるほうがいいのではないでしょうか。

05

「私、新人なんです」

▼プロ意識のない人からは買いたくありません

厳しいことを言います。「私、新人なんです」というセリフを聞くたびに、「甘えないで」と思います。社会人初日であろうが、他業界からの転職者であろうが、お客様の目の前に立ったら、その人はプロなんです。お客様にとっては、目の前の人が新人であろうがパートやバイトであろうが、まったく関係ありません。プロ意識を持つということはとても大切です。

同時に、接客業でたまに見かける「見習い中」の名札も、私は好きではありません。「見習い中だから大目に見てね。仕事が遅くても未熟でも許してね」ということでしょうか？　中には、お客様からの質問に、「新人なんでよくわかりません」と堂々と言う

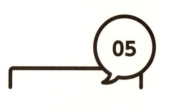

人がいて、とてもあきれます。

「新人です＝だから仕事ができません」とアピールすることは、営業マンにとって何のメリットもありません。お客様に弱みを見せていることになります。

私は住宅リフォームの営業マンになった時、異業種からの転職だったため、業界経験も営業経験もゼロからのスタートでした。その前は百貨店で化粧品販売をしていたため、「接客販売も営業と同じだよ」と言われることがありますが、まったく違います。接客業という意味では共通点もありますが、カウンター内で待っている「待ちの販売」と、こちらからお客様を探しに行く「攻めの販売」では、何もかもが違っていました。

当然、「攻めの販売」のほうが難しいです。そんな時、知識も経験も資格もない新人だと宣言することは、私にとってデメリットでしかありません。ですので、「私は新人なんです」と口にしませんでした。もしこの言葉を発していたら、私に住宅のことを相談しようとお客様は考えないでしょう。だから必死で勉強もしました。

女性客は自分の悩みをじっくり聞いてくれて、いろいろ相談できるプロ意識の高い営業マンを求めています。プロは、当然お客様よりも知識のある人でなければなりません。経験が少ないことに甘えてはいけないのです。

コラム❷

いつも買ってくださるお客様にお友達を紹介して欲しいと思ったら、紹介キャンペーンをおすすめします。コラム❶でも書きましたが、実際に私がやってみてわかったのは、「いつでも紹介してくださいね」では、紹介が起きないということです。期限を決めてやるのが効果的です。期限を決めてもしょっちゅうやっていてはだめです。1年のうち2ヶ月間くらいが効果がありました。商品によっては半年に1回のペースでもいいでしょう。お友達に渡せる名刺大やはがき大のカードをお渡しするのが、携帯することもあるのでおすすめです。そして、ただ「いい人がいたら紹介してくださいね」と伝えるのではなく、しっかり時間をかけて想いを伝えたほうが紹介につながります。

営業マン　「実は、○○さんにお願いがあるんですけど、聞いてもらえますか？」

女性客　「あら、私でお役に立てることなら」

営業マン　「私のお店で紹介キャンペーンを行なうんです。誰にでもお声がけしているわけではなく、○○さんのように私のお店の商品をとても気に入ってくださっている方にお願いしたくて」

女性客　「確かに、もうつき合いも長いしね。でも珍しいわね。紹介キャンペーンって」
営業マン「素敵なお客様のお友達も素敵な方に違いないから、広告で広く募るよりもいい出会いになると思って、初めて企画してみたんです」
女性客「わかったわ。友達に言ってみるわね」
営業マン「その時にこのカードをお渡しください。あ、期限は来月末までです」
女性客「これを渡せばいいのね」
営業マン「よろしくお願いします。できれば女性のお客様がいいなぁって思っているんです」
女性客「年齢も同じくらいの人がいい？　若い人でもいい？」
営業マン「どなたかおられるんですか？　お年は問いません。お任せします」

営業マンや販売員が「なぜ紹介キャンペーンをするのか」「なぜあなたにお願いしているのか」「どんな人を紹介して欲しいのか」などの背景や想いを伝えることで、お客様も具体的なイメージがふくらんで紹介につながるのです。

最初が
肝心トーク

Chapter
3

初対面で女性客に好印象を持ってもらえるセリフ

解説
女性客は男性客よりも初対面に厳しく、直感で決めている

男性客よりも女性客のほうが、営業マンの印象に厳しいものです。実際に男女間ではこんなギャップがあります。

女性　「この間、コンビニにお水を買いに行ったんだけど、レジの人が愛想悪くて」
男性　「どんな風に？」
女性　「にこり、ともしないのよ」
男性　「え？　でもちゃんとレジを打って、商品を渡してくれたんだよね」
女性　「そうなんだけど。少しくらい微笑んでくれたっていいと思うのよね」
男性　「うーん」
女性　「私、もうあのお店に行かない」
男性　「え！　なんで？　欲しいものが買えたら接客態度はどうでもいいんじゃない？」

女性 「どうせ買うなら感じのいい人から買いたいの。それが接客のプロでしょ」

こんな風に第一印象だけで女性は「なんか……、合わない」と感じます。たまたま営業マンが、その日の体調がよくなくて本調子が出せなかっただけだったとしても、初対面でよくない印象を持たれてしまったら、リベンジの機会はないのです。もう会ってくれません。

初対面で相手に自分を印象づける時間は、諸説ありますが、約6秒と言われています。この6秒間で、「自分にとって、よいのか悪いのかを本能的に仕分ける」とも言われています。そう、お客様は話を聞くのか聞かないのかを6秒で決めているということです。たったの6秒です！　もしあなたが、素晴らしい経験や知識を持っていても、6秒間ではとてもアピールできません。6秒間でできることは3つです。「にこやかな笑顔」「清潔感のある外見」「はつらつとした挨拶」。すべてが必須です。3つが揃っていないと、話を聞いてもらえません。

本章では、この3つをクリアした後の、初対面でのトークを紹介していきます。何事も、「最初が肝心」ですよ。

01

名刺を渡す時は、必ず社名とフルネームを名乗る

▼印象に残り、名前に興味を持ってくれることがある

営業マンがお客様と初めてお会いする時、一番にすること。それは自分の名前を名乗って、名刺を渡すことですね。実は「名刺」ってすごいアイテムなのです。なぜなら、誰でも受け取ってくれるからです。私はいまだかつて、名刺を受け取ってもらえなかったことはありません。チラシやリーフレットは、受け取ってもらえないこともありますから、改めて考えてみるとすごいことです。

さらに名刺は、それらに比べてお客様が取って置いてくれる**保存率も高い**のです。営業ツールとしては最強と言えますね。

ここで質問です。営業マンが名刺を渡す一番大事な目的はなんだと思いますか？ それは、**営業マンである「あなた」を覚えてもらうこと**です。どこの誰で何をしている人なのか。その時だけではなく、何日か経っても名刺を見た時に思い出してもらえることがとても大事です。そのためにも、名刺の渡し方が重要なポイントになります。

私は現在、多くの方と名刺交換をする機会があります。ほとんどの方は、「株式会社ABCの田中と申します」と、社名と名字だけを伝えます。でも私は、「株式会社シュカベリーの長谷部あゆです」と、**フルネーム**で元気よくゆっくり名乗ることをおすすめします。なぜなら、名字だけよりも印象に残るので覚えてもらえるからです。

さらに、名前を言うことで「私の名前と同じ漢字ね」「うちの息子と同じ名前だわ！」などと、話が広がっていくこともあるのです。また、「あら珍しいお名前ね。どういう意味なの？」と名前に興味を持ってくれることもあります。私の場合だと、「あゆ」という名前によく興味を持っていただいて、そこから話が広がり、その結果「あゆさん」と親しみを込めて呼んでいただくことが多くありました。すると、その後もとても話しやすい雰囲気になりますし、名前をしっかりと覚えてもらえます。

02

「本日はお時間を取っていただいて、ありがとうございます」

▼はじめに感謝を伝えると好感につながる

営業にはいろいろなスタイルがあります。アポなしで片っぱしから訪問していく「飛び込み営業」、チラシやホームページなどの発信に対して連絡があったお客様への「反響営業」、法人営業や会員組織で契約しているお客様を訪問する「ルート営業」など。

これらどんな場合でも、**お客様に貴重な時間をいただくということに変わりありません。**それがお客様からの相談依頼であっても、多くのライバル企業の中から選んでご連絡をいただいているのですから、ありがたいことです。まずはそのことをしっかりと肝に命じること。そして、感謝の気持ちは思っているだけでは通じません。言葉にすることが大切です。

男性と女性の会話はまるで違います。「女性の話は長い」「本題と関係のない話が多い」「いつ本題に入るのかわからない」などと言われます。もし女性客に男性客と同じように商談を進めると、女性客は「話が合わない人だわ」と感じてしまうことがあります。女性客には感情表現をオーバーにすることが大事なのです。論理的に真面目に結論から話しはじめてはだめなのです。

「本日はお時間を取っていただいて、ありがとうございます」

心を込めて、はつらつと元気な声と最高の笑顔で伝えてください。棒読みでは伝わりません。これはテクニックではありません。気持ちが大事です。

バリエーションとして、

「本日は○○さんの貴重なお時間をいただきまして、ありがとうございます」

「本日は私のためにわざわざお時間をつくっていただきまして、ありがとうございます」

と言い換えもできます。いずれにせよ、あなたの感謝の気持ちを伝えることです。あなたの思いが伝わると、お客様はあなたという人間に自然と好感を持ってくれます。

03

「お会いできるのを楽しみにしていたんです」

▼照れくさいけどうれしいと思ってもらえる

「こんなこと恥ずかしくて言えない」と思いました？　それとも、そもそもなんで営業マンがお客様とのアポイントを取って訪問するのに「うれしい」と思えるの？　と感じましたか？

私はお客様に会うのが楽しみでした。初めて法人営業をした時、机の上に大量のリストが置かれていました。片っぱしから電話をしてアポを取って、アポが取れたら訪問するという手順の仕事でした。その時の私は、営業経験こそありましたが、初めての広告業界で、初めての法人営業でした。つまり企業に営業電話をかけるのは初めてだったのです。もちろん苦戦しました。アポイントを取るどころか、広告担当者に取り次いでもらえません。初日は1日中デスクの前でひたすら電話をかけ、冷たく断られるばかり。その時の私が何を思っていたのかというと、「早くこの状況から解放されたい！」です。そして、解放される唯一の方法が「アポを取る」ことでした。

電話をひたすらかけ続けて数日後、やっとお客様から「詳しく聞かせてくれる？」と言われました。やった！　初アポです。お客様は私の会社のことを知らない方でした。内容に興味を持ってくれたのです。私はすぐに相手先の会社に向かいました。

車で向かう途中、「どんな方だろう？」「どんな話になるのだろう？」「なんで興味を持ってくれたんだろう？」。**私を外の世界に出してくれたそのお客様が救世主のようにも思えて、私はワクワクした気持ちと感謝の気持ちでいっぱいになりました。**

到着して名刺をお渡しして名前を名乗って、「今日は貴重な時間をいただきまして、ありがとうございます。お電話でお話しした時から、お会いできるのを楽しみにしていたんです」と自然と口から出ました。すると、お客様は少しはにかみながら「私も電話で話していたら、直接会いたくなって。楽しみにしていました」と言ってくださいました。その後とてもいい雰囲気で商談が進んだのは言うまでもありません。

04

「今日も暑かったですね」

▼雑談は天気の会話からが王道

雑談は大切です。いきなり営業の本題に入りたいという気持ちもあるでしょうが、女性客の場合、**雑談からいろいろなヒントや思わぬ本音をつかめる可能性がある**のです。会話も行動も「目的に向かって一直線に進む」傾向にある男性にとっては、なんでそんな無駄なことを……、と思ってしまうかもしれませんが。

雑談というと、「気のきいたことを話さないといけない」「何か面白いことを言わないといけない」と難しく考えてしまう人もいますが、そんなことはありません。やはり王道は天気の話です。「いいお天気ですね」「今日は少し寒いですね」「暖かくなってきましたね」「梅雨に入るらしいですね」などなど。私は、朝起きたら真っ先に天気予報を確認します。天気の話題は他の話にもつなげやすいですよ。「桜が咲きはじめてきれいですね。お花見は行かれるんですか？」「気温の差が朝晩激しくなってくると、何を着ていいのか迷いますよね」など。こういった話題、ほとんどの女性は「そうですね」で終わることなく、さらにふくらませて返してくれることが多いので、会話のキャッチボールがしやすく、話が広がります。

最近の天気予報では、洗濯物が乾くのかどうかの洗濯指数まで知らせているのもあります。主婦にとっては気になる情報です。さらに花粉情報や紫外線情報なども女性には気になる話題です。営業マンは天気予報をこまめにチェックしましょう。

天気以外の雑談では、目に見えたものを話題にするのがおすすめです。訪問する場合は、庭のお花や玄関の置物について。きれいにしているもの、飾っているものは、こだわりを持ってらっしゃる場合が多いので、「お庭のお花きれいですね。なんというお花なんですか？」と聞いてみるだけで、どんどんお話ししていただけるでしょう。**女性は、自分のこだわっているもの、好きなものに興味を持ってくれることを喜びます。**目に入ったのにスルーすることのないようにご注意ください。

05

「今日お伝えするのは、〇〇の内容です」

▼はじめに伝えるとしっかり聞いてくれる

女性の話は長い上に話題があちこちに飛ぶとよく言われます。驚くことに、数名の女性で話している時、違う話題が同時に進んでいたり、ひどい時には全員が違う話題を話している時もあるほど。それでもすごいのは、最後はちゃんと元の話題に戻っていて、結論に至ることなんですよね。

そんな女性ですが、相手が何の話をしようとしているのかがわからないと、話に集中できず、頭の中でいろいろなことを考えてしまいます。営業の進め方は、営業マンによって違います。やり方がいろいろあるからこそ、今日は何の話をしに来たのか、どこをゴールにしているのかを明確にお伝えするほうが、**お客様に安心感を与えることができ、しっかりと聞いていただけます。**

「今日お伝えするのは、○○という商品の特徴と、今日からはじまる期間限定のお得なキャンペーンについてです。□□さんにとってお得な内容だと思いまして、真っ先にお伝えしたかったんです」

最初に伝えると、内容を楽しみにしながら聞いていただけます。商品説明が終わっても、キャンペーンの内容が今からはじまるなと、心の準備をしてくれるのです。

もし、「今日は□□さんに○○という商品をご紹介したいのです」と、話をはじめて、商品説明と思って聞いているのに、営業マンがキャンペーンの話に移ったら、「え、何？　違う話が続くの？」と思われたり、「話が長いな。どこで終わるんだろう」と不安にさせたりしてしまうこともあります。意識して、話す内容を予告してお客様に安心感を与えましょう。

06

「今日は30分くらいお時間をいただきますね」

▼具体的に時間を伝えると不安を与えない

友人との会話は何時間でもできる女性ですが、営業マンとの会話はそうでもありません。初対面だったり、まだあまり面識のない場合は特にそうでしょう。

私の経験では、アポイントを取った訪問であっても、開始時間（訪問時間）は決まっていても、終了時間は決まっていませんでした。お客様から「何分くらいかかりますか?」と言われたことも、「○時までに終えたいです」と言われたこともありません。さらには、訪問時間までもが「○時くらいに伺います」や「○時～△時の間に伺います」とアバウトにすることもありました。1日に何件も営業に行く場合、前後の予定が読めないので。

だからこそなのですが、営業マンのほうから「今日は30分くらいお時間をいただきますね」と、お客様に最初に伝えることをおすすめします。

前述した「話の内容に関すること」と同様、「時間に関すること」も同じです。「この話、何時間くらいかかるのだろう？」と疑問や不安を持って聞いていただくよりも、「30分か。それなら、まだ4時過ぎだから、洗濯物取り込んで、犬の散歩に行って、夕飯の支度ができるな」などと、**心に余裕を持って話を聞いていただけます。**

もし伝えなければ、営業マンの話が長くなってくるとお客様は、洗濯や犬の散歩や夕飯の支度のことが気になってしまって、話が頭に入ってこない状態になります。

私はアポイントを取る場合も、「何時頃までお時間大丈夫ですか？」「次回は少し長めのお時間をいただきたいのです。できれば2時間くらい。可能な日はいつですか？」と最初にお聞きしていました。お電話でお話しする時も、「15分くらいいただきたいのですがよろしいですか？」と聞きます。

「ちょっと」や「少し」ではなく、「5分」「10分」。「長め」ではなく、「2時間」と、きちんと明確な時間を伝えることが大切です。

コラム❸

女性同士の会話で盛り上がる「美容室あるある」の話です。なぜ美容師さんは「このあとどこかへ行くんですか？」と聞くのだろうと疑問に思っていました。

美容室は女性客が多くて、お客様の年齢は幅広い。一方、美容師は男女半々くらいのお店が多い。20代前半の若い美容師は、お客様との会話が合わないこともある。だからマニュアルトークが多いのだろうと思っていました。

ある日のこと。残業帰りで時間は20時過ぎ。疲れた顔で行った美容室で、最後の仕上げの時、

美容師　「このあとどこかへ行くんですか？」
私の心の声　（いつものセリフだ。この疲れた顔や雰囲気を見て察してよ）
私　（頑張って笑顔で）「いえ、このまま家へ帰ります」
美容師　「そうですか。どこも行かないんですね」
私　「はい」
私の心の声　（やっぱり聞いただけか……）

しかし！　先日、美容師さんにその質問の意図を聞いてみました。すると、「もしど

こかに行く場合はきれいにして差し上げよう、帰るだけなら整髪剤はつけないでおこう、とおすすめするため」と聞いて、「え〜、それならそうわかるように言ってよ！」と思わず言いました。

女性客は「それってなぜ？」と思うと頭の中が「？」いっぱいになってしまうのです。きちんとわかるようにアピールしないのはもったいないです！　言わないとわからないんですよ。観察も大事。このあと出かけるのか、そうじゃないのか、雰囲気からも察しましょう。そして、今日はお疲れモードな女性だと感じたらこう言ってください。

美容師　「今日はまっすぐ自宅にお帰りですか？　もしそうでしたら、できるだけさっと終わって、整髪剤をつけないでおきましょう。帰ってから楽なスタイルに仕上げますね」

すると、なんて気のきいた美容師さんなの！　と感動されるでしょう。言葉は大事です。

共感の
オーバートーク

Chapter
4

共通点を見つけて伝えて、女性客の心をグッとつかむ

解説

女性に「共感」いただくと売れます！

初対面トークで好印象を持ってもらったら次に進みましょう。女性客向けの営業トークにおいて、ここが一番「肝」です。しっかり読み込んでください。

キーワードは「共感」です。女性は「共感」されたい生き物、と聞いたことはありますか？　私がトップセールスになれたのも女性客に「共感の営業」をしていたからです。私の考える「共感」は偶然を待つものではありません。**女性客が共感していただけるように営業マン側から会話や行動で示していく**のです。

私がこう言うと、「それは誘導ということですか？」と質問される方がおられますが、誘導しているのではありません。コントロールでもありません。これは、配慮、気遣いです。ここを間違えないでください。

ポイントがいくつかあります。今まで書いたことの繰り返しになる部分もありますが、大事なことなのでしっかり意識してください。

1つ、具体的に褒める
2つ、質問をする
3つ、小さな共通点を見つけて伝える
4つ、セリフを「ね」で締める
5つ、自分の感想や気持ちを伝える
6つ、オーバーリアクション。「うわ～」「いや～」などの言葉を挟む
7つ、驚きの「!」と、質問の「?」をたくさん入れる

「いきなり高度すぎる。難しい」と思ったあなた。やる前から「できない」はNGワードですよ。女性客はどんな営業マンから買うと思いますか？　知識が豊富、頼りがいがある。もちろんそれも大事です。でも何よりも、たくさん話を聞いてくれる人、話していて楽しい人、なんでも相談できる人です。話し上手よりも聴き上手です。

では、女性客の心をグッとつかむ共感トークの具体例を紹介していきます。

01

「そのスカーフ素敵ですね。色がとても鮮やかで。その模様は何のお花ですか？」

▼具体的に褒めたあとに「質問」もする

まずは、褒めること。女性は褒められるのが大好きです。でも、「素敵ですね」という誰にでも当てはまる褒め方では社交辞令に聞こえます。

言い方にもコツがあります。心がこもっていない棒読みや無表情では、「どうせマニュアルトークね」と思われてしまい、褒めたつもりが、かえって逆効果になってしまうこともあるのです。

では、どう褒めればいいのか。ポイントは**「あなただけ」「具体的」そして「質問」**です。

まずは目についたものを褒めましょう。とは言っても、髪型やメイクを褒めることはやめておきましょう。特に男性営業マンの場合、「ヘアスタイルが素敵ですね」とか「若々しく見えるメイクですね」と褒めても、それ以上会話が盛り上がることはなく、社交辞令度が増すばかりです。

そこで、**おすすめはスカーフやブローチなどの大きめのファッション小物やアクセサリー**です。スカーフやブローチをつけている女性は「こだわり」のある方が多いのです。「あなただけ」ポイントはここです。褒めやすい上に個性が出ますので、褒められた女性客はとても喜びます。さらにブローチやコサージュ（花）は手づくりされている方もおられるので、「私だけを褒めてくれている」と感じるのです。もし身につけているものので褒めやすいものがない場合は、ご自宅や事務所なら、置物や飾ってあるものでもいいですね。「ちょっと変わったもの」「手づくりっぽいもの」を見つけて褒めてください。

「具体的」に褒めるというのは「きれいですね」「素敵ですね」ではなく、どうきれいなのか、何が素敵なのかを伝えることです。「形がきれい」「色が素敵」と言ってください。そして褒めたあとには「質問」です。女性客はうれしくなってどんどん話してくれるはずです。**「この営業さん、センスあるな」「感性合うな」から「共感」につながります。**「この人なら私の言いたいことをわかってくれる」と思ってもらえたら最高です。

02

「ワンちゃん飼ってらっしゃるんですか！　私もです。癒されますよね」

▼共通点を見つけて伝えることで「共感」が生まれる

共感をつくる簡単な方法は、共通点を見つけて伝えること。共通点があればあるほど女性客との距離が縮まります。だから小さな共通点を探して欲しいのです。

私が住宅リフォームの営業をはじめた26歳の時、女性客である奥様は50代〜60代の方が主でした。自分の母親よりも年上でした。ただでさえ新人で知識がないのに、天気の話が終わったら話題がありません。気まずい沈黙が続いたある日、家の奥から小型犬が出てきました。「私も小さい時にマルチーズを飼っていたんですよ」と思わず言ったら、「あら、そうなの〜。女の子？　男の子？　なんていうお名前だったの？」と急に親しく話していただいてびっくりしました。ちなみに犬好きな女性は、かなりの確率で犬を

「ワンちゃん」と呼びます。だからあなたもそう呼んでください。

共通点を見つけて伝えて仲よくなるというのは、営業に限らず本能的に子どもの時からやってきたことなのです。例えば、小学校時代、クラスに転校生が来たら、仲よくなりたくて「サッカー好き？　野球好き？」と質問をしたり。「サッカー好き」と聞いたら、「僕もサッカー好き！」。これでもう仲よしです。合コンの時だって「趣味は何ですか？」「音楽鑑賞です」「私もです！　どんなジャンルが好きなんですか？」「実はクラッシックなんですよ」「えっ！　私もです。先日もコンサートに行ってきたんです。学生の時から吹奏楽をやっていて」「えっ！　僕もです。どんな曲が好きなんですか？」。こうなると、もう他のメンバーを寄せつけないくらいの盛り上りですよね。

営業の場面でも同じです。ただ、近い年齢でないことも多く、横並びの立場ではありません。結局、マニュアルトークや堅苦しいトークになってしまい、今一歩お客様と仲よくなれない。そうお悩みの営業マンにお教えしましょう！　お客様に共感してもらえる「共通点ベスト3」、それは、**「ペット」「家族（特にお子さん、お孫さん）」「出身校や出身地」**。一気に距離が縮まること間違いなしです。

03

「○○さんはお花が好きなんですね。何のお花が一番好きですか？」

▼言葉の最後を、時々「ね」にして柔らかい雰囲気づくり

会話は柔らかさを意識してください。「です」「ます」ばかりだと、堅苦しい印象を与えてしまいます。かといって、もちろんタメ口はだめです。堅苦しくもなく馴れ馴れしくもない絶妙なバランスが大切なのです。

では、どうしたらいいのでしょうか。その方法が、**言葉の最後を時々「ね」で締める**ということです。「素敵です」よりも「素敵ですね」、「かわいいと思います」よりも「かわいいですね」と言うことで、柔らかい会話になるのです。

そして、あなたの気持ちや感想を伝えてください。「共感」は共に感じると書きますよね。「そうですか」「そうなんですね」「なるほど」「よくわかります」といった相槌ば

かりよりも、「うれしいです」「感激です」「それは楽しそうですね」と感情を伝えたり、「癒されますよね」「かわいいですよね」と感想を伝えることで、共感トークになり、女性客は「この営業マン、話しやすいわ。私のことわかってくれている」となります。男性の中には「自分の話をするのは失礼だと思っていた」「自分の気持ちを言うのは苦手です」と言う方がいますが、まずは行動です。

営業マン「○○さん、お花が好きなんですか？」
女性客「そうなの～。お花ってかわいいし癒されるのよ」
営業マン「そうですか。僕も好きです」→ 会話がイマイチ盛り上がらない

営業マン「○○さん、お花が好きなんですか？」
女性客「そうなの～。お花ってかわいいし癒されるのよ」
営業マン「わかります！ 僕も好きなんですよ。かわいいですよね。癒されますよね。○○さんと趣味が一緒だなんて感激です。僕はバラが一番好きなんですが、○○さんは何のお花が一番好きですか？」→ 会話が盛り上がる！

04

「お孫さんの写真ですか？　うわ～！　すごくかわいいですね。何歳ですか？」

▼オーバーリアクションは女性客への気遣いです

前述した距離が縮まる「共通点ベスト3」の中の「家族（特にお子さん、お孫さん）」。これはかなり盛り上がります。女性客は、母として祖母としてお子さんやお孫さんの自慢をされることが多いものです。そんな時こそ、いつも以上にオーバーリアクションです！　無表情・棒読みで「そうなんですか」「かわいいですね」と返すのは決していけません。

オーバーリアクションとは、**大きめの声で表情を豊かにして、身振り手振りで表現すること。**ここは思い切って、明石家さんまさんを参考にしてください。さんまさんはなぜ会話を盛り上げられるのでしょうか。それはオーバーなリアクションが、話し手を「もっと話したい」気持ちにさせるからです。せっかくお客様が自慢をしているのだから、最大限に反応をする気遣いが大事なのです。

どんどん話してもらうために、盛り上げましょう。ここでは**「すごく」「ぜんぜん」**という言葉が効果的です。「かわいいですね」よりも、「すごくかわいいですね」のほうが、ぐんと盛り上がります。「(そんな年齢に)見えないです」よりも、「(そんな年齢に)ぜんぜん見えないです!」のほうが、強く気持ちが伝わります。例えば女性客が「私はもう年だし……」と謙遜された時も、「そんなことないですよ」よりも、「ぜんぜんそんなことないですよ!」と言ったほうが好感度アップなのです。

次のポイントとしては、びっくりマーク「!」と、クエスチョンマーク「?」を多用することです。びっくりするのは、驚きや感動の時がありますが、どちらも弾む感じの大きめの声で、「うわ〜!」「え〜!」「いや〜!」という言葉で返しましょう。

同時に驚きの表情や手振りも工夫しましょう。外国人のリアクションのジェスチャーを洋画やYouTubeの動画で研究してみてください。ジェスチャーを合わせて「びっくりです」「驚きです」というストレートな表現もおすすめです。

05

「○○さんのお子さんと私、同じ高校です！　うわ〜、すごい偶然ですね。うれしいです！」

▼営業マンへの要望が厳しい女性客を満足させるオーバートーク

もうひとつ、一瞬にしてお客様と仲よくなれる共通点。「出身校や出身地」の話題です。女性客は男性客に比べてよくお話ししてくれます。ご自身のこともご家族のことも。お子さんやお孫さんが難関の高校や大学に合格した、就職が決まったというお話しはよく聞きました。この話題になればチャンスです！　共通点を見つけてください。

もしあなたが女性客のお子さんやお孫さんとたまたま同じ学校だったら、テンション高めに「えっ！　私も○○高校なんです！　うわ〜、すごい偶然ですね。うれしいです！」と伝えてください。それは、あなたの兄弟でも友達でも遠い親戚でもご近所の方でもかまいません。

そして出身地、これも同じです。もっと言うと、出身地が同じじゃなくても、「旅行で行ったことがあります」「好きな都道府県です」でもいいのです。お客様にしたら、自分に深く関係する話題に目の前の営業マンも関係している、あるいは興味を持っていてくれている。それがうれしいのです。お客様の中で、「ただの営業マン」から「この営業マンはいい人」に一気に格上げです。心を少し許してくれるようになります。もしライバル社の営業マンがそんな反応をしていなかったら、かなりのリードです。

「共感のオーバートーク」とは、**薄くても浅くても共通点を見つけて伝えてオーバーに反応しながら話題を広げていく**ということです。営業の場面でこんなことが関係あるのかと思いましたか？　知識があって誠実に対応すれば売れるのではと疑問を持ちましたか？　男性客にはそんなことをしなくても売れるでしょう。「商品」に視点がいっているからです。でも女性客は、「何を買うか」と同じくらい「誰から買うか」が重要なのです。「安心・信頼できる人から買いたい」「私のことをわかってくれる人から買いたい」「私のために、私のためだけに提案や助言をしてくれる人から買いたい」と思っています。だから、**営業マンに対する理想は高く、要望は厳しい**のです。マニュアル通りの営業トークをしているようでは、「共感」を求める女性客を満足させられません。

コラム❹

女性同士の会話で盛り上がる「美容室あるある」その2。毎回、聞かれる「お休みはどこかに行くんですか?」。

聞かれるたびに「私のプライベートに興味ある? ないよね?」と思いながら答えています。大型の美容院だと、1回の施術で担当が何人か変わっていきます。そのたびに同じようなことを聞かれたりもします。無言では気まずいので何らかの話をして楽しい時間にしたいのだと思っていました。

隣の席がトークで盛り上がっていたら、自分の担当のスタッフさんにつらい思いをさせてしまうのかもしれないと、私がどんどん話を盛り上げてしまうこともありました……。心の中では、「私のプライベートに興味ないよね」と思いながら。

これもこの間、思い切って美容師さんに聞いてみました。すると、「プライベートの話からそれに合うヘアスタイルを提案するため」だと聞いてびっくり! そんな深い意味があったとは。そうなら、先に言って欲しいですし、質問はストレートなほうが答えやすいです。

美容師「お仕事ではどんなヘアスタイルですか? 何か制約はありますか?」

女性客「制約はないですね」
美容師「結んだり留めたりされてますか」
女性客「はい。横を留めたり、時々アップにすることがあります」
美容師「ではレイヤーは入れずに、長さもある程度必要ですね。普段はいかがですか」
女性客「帽子が好きで、よくかぶります」
美容師「では前髪はあまり短くしないほうがいいですね。アウトドア派ですか」
女性客「はい。マラソンが趣味なんです」
美容師「マラソンですか！　いいですね。日焼けから守るヘアケア剤を使いましょうか」

こんな感じのほうがわかりやすいし、会話も弾んでいきますよ。

本音引き出しトーク

Chapter

5

質問して　とことん話してもらう

解説
女性との会話で、すぐにゴールを求めるのは要注意です

前章まで読み進めてきて、もしかしたら、あなたは感じているかもしれません。「あれ？　これって営業の本だよね。いつになったらセールストークが出てくるの？」と。こう思ったら要注意です。「オトコ脳」の発想だからです。

例えば、ある日、女性部下が男性の上司に「相談があるんですけど、ちょっとお時間よろしいですか？」と言ってきたとしましょう。女性部下は「実は半年前のことなんですけど」と過去に戻って経緯を話しはじめます。その間、「あ！　そう言えば」と話が脱線したりして、10分、20分と時間が経ち……、男性上司はたまらず、「何の話？　結論を言ってくれる？」と軽くキレます。これが男女の違いを表わした会話です。

女性は必要だと思う話、関係ある話をすべて話そうとします。会話のゴールより、プロセスが大事だからです。男性はゴールへと一直線。無駄な話をせずに必要な話だけを

します。これは営業や販売の場面でも同じです。だから、女性客の心を理解できていない男性は、知らずしらずのうちに女性客をがっかりさせているのです。

つまり、**セールストークに入るまでの、「場づくり」である雑談こそが女性客への営業においてはとても大事**なのです。雑談をそこそこにしてすぐに本題に入ると、「この営業マン、売ろうとしてる」「ガツガツしてる」と警戒されることになるでしょう。だからこそChapter4までの準備が大事なのです。今、「えっ！　そうなの？」と思ったあなたは、もう一度Chapter1～4を読み直してください。準備ができたら、いよいよ、本章からセールスの本題へと入っていきます。

大事なのは**「質問」＆「傾聴」**です。世の中の営業マンや販売員は総じてしゃべりすぎです！　あなたの売りたい商品の特徴を一方的に伝えてもだめなのです。

「誰でもいいから買ってください」のマニュアルトークでは、女性客の心には響きません。目の前の女性客が何に興味を持っているのか。どんなことを思っているのか。女性客の本音を知ることができるのが「質問」です。女性客にとにかくたくさん話してもらってください。その具体的な質問の方法を本章でお伝えします。

01

「今、何か困っていることはありますか？」

▼欲しい理由や経緯がわかり、本音がつかめる

営業や販売で、女性客への「いきなり質問」でよくある3大NGはこちらです！

その1　「どのような商品をお探しですか？」

その2　「ご予算はおいくらですか？」

その3　「時期はいつ頃をお考えですか？」

「えっ！　なんで聞いたらだめなの？　マニュアルトークにはそう書いてあるし」と思いましたか？　これらの質問は、直球すぎるのです。急ぎすぎです。先ほど説明した目的へと一直線の、男性への売り方ですね。つまり女性からすると、デリカシーに欠け

るのです。聞かれたら答えてくれるかもしれません。しかし、心の中ではモヤモヤしているのです。大事なことを言います。**女性客の買い物の特徴として、はっきりと決まっていることは少ないのです。**商品も予算も時期も、です。専門家にいろいろ聞いてもらって、アドバイスをもらって、どうするかを考えたいのです。だから、ズバズバ聞かれても困るのです。質問攻めにする営業マンや販売員に時々出会いますが、「尋問」みたいに感じます。追い詰められている気分になります。

では、どうすればいいのでしょうか。**「欲しい理由や経緯」を話してもらえる質問をする**ことです。人が買い物をしたい時には、何らかの「理由」「きっかけ」があります。それらを聞くことで、女性客は過去の状況にまでさかのぼってどんどん話してくれるのです。買い物の理由やきっかけは、「今の生活の中で不満や不快、不具合がある時」と「今よりももっとよくなりたいという希望や願望がある時」の2つに大別されますが、背景や経緯や現在の状況や気持ちの具合は多種多様です。Chapter6の「共感のリアクション」も一緒にマスターした上で、女性客の話を盛り上げて、どんどん気持ちよく話してもらってください。話を奪って主導権を握らないように注意してください。

とにかく聞くのです。「なんでも安心して話せるわ」そう思っていただくために。

02

「どんな感じがお好きですか？」

▼女性客にはイメージを伝えたほうがいい

女性の買い物は、「はっきりと決めていない」場合が多いと前述しました。そんな女性客に対しての質問には注意が必要です。「まつげエクステ」の例で解説しますね。「まつげエクステ」とは、まつげに人工の毛をつけるもので、目が大きくパッチリ見えるので、おしゃれに関心の高い女性の間で流行っています。

店員　「長さはどうされますか？」
女性客　「え？　長さがいろいろあるんですか？」
店員　「はい。いろいろあります」

女性客　「うーん、よくわかりません……。みなさんどうされているんですか？」
店員　「人によってばらばらですね〜。では先に、カールの形状はどうされます？」
女性客　「え？　カールもいろいろあるんですか？」
店員　「はい。角度別に４種類あります」
女性客　「えっと……、自然な感じでお任せします」

このような会話だと、女性客はぜんぜんイメージがつかめません。美容室でも多いです。「何センチ、カットしますか？」という聞き方。男性客なら「前は１センチ、サイドは２センチカットでお願いします」と答える方もいるでしょう。でも女性客は、数字で考える発想がそもそもなかったり、そこまでのこだわりがないというのもあります。

例えば、「かわいい系、きれい系、清楚系、ナチュラル系の４種類ありますが、どんな感じがお好きですか？」。こう言うと女性客には断然わかりやすく、答えやすいのです。さらに、写真やイラストで完成後の雰囲気を見せながら質問するのがおすすめです。

女性客は見た目や感覚で決める傾向があるのですから、営業マンは女性客にイメージを伝えることを心がけましょう。

03

「買おう！　と思った『きっかけ』はなんですか？」

▼価値観や重要ポイントがわかる

前々項の「今、何か困っていることはありますか？」という質問で、女性客はどんどん話してくれるはずです。買いたいと思った理由や経緯を聞いて、「それが『きっかけ』なんだ」とあなたが気づいたとしても、あえて、再度この質問をして欲しいのです。

「買おう！　と思った『きっかけ』はなんですか？」

この質問、営業の場面において女性への質問の中でも「最強」だと思っています。なぜなら女性客に夢を与え、過去から未来へと気持ちがつながり、それを女性客自身が確認して納得して、一気に「欲しい」につながる質問だからです。

「買いたいと思ったきっかけ」ではなく「買おう！　と思ったきっかけ」と断定していることもポイントです。この少しの違いで、「買おうかな。どうしようかな」という女性客の気持ちが「欲しい」に傾きます。

「きっかけ」に対していろいろな反応があるでしょう。その時の状況、特に心の動きについて詳しく話してくれるはずです。**女性の買い物にはどんな時も物語があります。**もちろん自分が主役です。その商品やサービスがただ欲しいわけではないのです。

例えば「髪を切りに美容室に行く」という買い物。男性客に「髪を切ろうと思った『きっかけ』はなんですか？」と聞くと、その答えはほぼ、「サッパリしたいから」「伸びてきたから」です。しかし、女性客は「それがね～」「実は……」と、話がはじまります。「3年付き合った彼とお別れしたんです。3日間泣き続けてやっと前を向こうって思えて。失恋といえば髪を切るですよね。ショートにしてください」「娘のお受験なんですよ。面接では親の容姿も合否の重要なポイントになるって聞いたから。家でもセットしやすい清楚な感じのヘアスタイルにお願いします」などなど。

これを話していただくことで、その女性客の買い物における価値観や重要としているポイントがつかめます。これからどう話を進めればいいのか大きなヒントになります。

04

「それを買ったら○○さんはどう変わるんですか？」

▼「未来質問」で女性客がワクワクする！

女性客にとって買い物の主役は商品そのものではなく、自分自身だとお伝えしてきました。大切なことなので、もう一度わかりやすく言います。「その商品がどうすごいのか」はどうでもいいのです。興味があるのは、**「自分がその商品を手に入れたら、使ったら、体験したら、どう変われるのか」**、この1点です。そこには女性客の「夢」や「希望」や「果てしない妄想」が詰まっているのです。営業マンはその期待に応えてください！　夢を見させてあげてください！　そのためには、やはり話をとことん聞くことが重要なのです。

質問するにあたり、ポイントがあります。**「夢」「希望」「願望」「期待」これらはすべて「未来」へと向かっているもの**ですよね。ここが大切なのです。女性客への質問は、「過去」よりも「現在」よりも「未来」です。名付けて「未来質問」です。

前述した「今、何か困っていることはありますか？」は「現在」にフォーカス。「買おう！と思った『きっかけ』は何ですか？」は「過去」にフォーカス。これだけで終わってはだめです。現状を把握しただけになります。ここで解決する商品を説明し出したら、女性客にとってがっかりな展開になってしまいます。

女性客は買い物というプロセスを楽しみたいと言いました。ですから、ここからもっと楽しませてあげてください。ワクワクさせてあげてください。

そのためには「未来質問」です。これはもうこのまま暗記して使ってください。女性客の目を見て真剣な眼差しでこう言います。

「それを買ったら〇〇さんはどう変わるんですか？」

名前を呼ぶのもポイントです。「どう変わるのか？　そう、私は変わりたいんだ、変われるかもしれない！」。女性客は買い物のプロセスで、未来の自分を想像することが幸せなのです。

05

「どなたかに相談されましたか？」

▼現在の状況や気持ちが手に取るようにわかる

尋問みたいな質問にならないように、と前述しました。質問には大きく2種類あります。「はい」か「いいえ」で答えられる「クローズドクエスチョン」。そして自由に答えてもらう「オープンクエスチョン」。例えば、「今朝は朝ごはんを食べましたか？」という質問がクローズドクエスチョン。「今朝、朝ごはんに何を食べましたか？」がオープンクエスチョンです。

クローズドクエスチョンばかりだと問い詰めているみたいになります。かといって、オープンクエスチョンばかりでは、話に収拾がつかなくなります。ですので、**話を引き出したい時はオープンクエスチョン。確認する時、決断を促したい時はクローズドクエ**

スチョンと、うまく使い分けることが大事です。意識して使っていきましょう。

女性客にはどんどん話してもらうほうが売れるのですから、オープンクエスチョンを多用することがおすすめです。その中でも「どなたかに相談されましたか？」の質問はとても使えます。なぜならこれはオープンもオープン、お客様によって捉え方や答え方がさまざまだからです。

営業マン「どなたかに相談されましたか？」

女性客A「主人に相談したんだけどねえ。あんまり乗り気じゃないみたいなの。それより家族で旅行に行こうとか言い出して……。まったく困ってる状況なのよ」

女性客B「誰にも相談してないの。プロの話をしっかり聞いてから家族に相談したほうがいいかなと思って。それが今日ここに来た理由なんですよ」

女性客C「実はね、先週他の専門店にも相談に行ってきたの。そうしたらそこの営業マンがガツガツしてて押し売りされそうで、慌てて店を出たのよ」

いずれもお客様の現在の状況や気持ちが手に取るようにわかるのです。

06

「ご家族はどうおっしゃっているんですか？」

▼主導権が誰にあるのかがわかる

この質問は、家族が関係している買い物、特に高価な商品の営業時にお使いください。例えば、家や不動産、家具、車、保険、投資、旅行やレジャー、冠婚葬祭、教育、介護などに関することです。主婦や娘である女性が、家族の代表として窓口になることが多いからです。

ここで大事なのは、「主導権が誰にあるのか」を見極めることです。みんなで話し合って決める家族かもしれないですし、父親のひと声で決まる家族かもしれません。

私が営業してきた中では、**主婦である女性客自身が主導権や最終的な決裁権を握って**

いたことが多々ありました。この見極めはとても大事です。お金を出すご主人が主導権や決裁権を握っていると思って、**ご主人にばかり営業プッシュをしていたら、女性客は敏感に感じ取ります。自分が「蚊帳の外」扱いされていることを。**そして「あの営業マン、なんか嫌だな。理由はわからないけど直感的に、なんか合わない」とご主人に言うのです。すると、「じゃあ、やめておこうか。他にしよう。お前が決めればいいんだから」となって、今までの苦労も一瞬にして水の泡です。だからこそ、この質問です。

営業マン「ご家族はどうおっしゃってるんですか？」

女性客A「一応主人には報告はしたけどね。でも基本、私が決めたらいいよって言われているから」

女性客B「実は、主人の両親が費用を負担してくれるんです。だから、いろいろ意見を聞かないといけなくて、私の一存では決められないんです」

女性客C「それがね、主人が大反対なんです。そんなことにお金を使うなら新しくゴルフバッグを買ってくれとか言い出して、昨日ケンカになったのよ」

この答えで、主導権は誰かをつかめるのはもちろん、今の状況や問題も見えてきます。

07

「今までおっしゃったのは、つまりこういうことですよね」

▼お互いの安心感がアップする

女性客の話は長いです。話があちこちに飛びます。「え？　関係ある？」と思うことも話し出します。しかも、「何の話だったっけ？」とか「何が言いたかったんだっけ？」とか「あれ？　どこまで話したっけ？」という言葉も時に飛び出してきて、ご自身でも話の筋がわからなくなる時があります。しかも、「私の言っていること、わかってもらえてます？」と突然聞いてくることもあり、びっくりします。

なので、営業マンが時々、確認をすることがとても大事です。きちんと確認してお互いの理解を合わせておくことはもちろんですが、**「聞いてますよ」「ちゃんと理解してま**

すよ」というアピールにもなります。

営業マン「今までおっしゃったのは、つまりこういうことですよね」
女性客A「そうそう！　さすが専門家。私の言ってることをよく聞いて理解してくれてる。安心してお願いできそう」

このように、女性客の安心感がアップします。でもたまには、こんなこともあります。

営業マン「今までおっしゃったのは、つまりこういうことですよね」
女性客B「え……、そう聞こえました？　違うの。それはもう解決したことなの。それと同じような感じで、別の件をお願いしたいっていうことなの」
営業マン「そうなんですね。了解しました。ではその別件の話をもう少し詳しく聞かせていただけますか？」

こんな時は、「途中で確認しといてよかった〜」と、心の中で胸をなでおろします。

この質問で「安心感がアップする」のは、女性客にとってだけではなく、営業マンにとっても同じなのです。

08

「何かわからないことや心配な点はありますか？」

▼易しい言葉で現時点の問題を確認する

女性客に「質問」をするにあたり、大切なことがもうひとつあります。それは営業マンが知りたい情報を集めるためだけに質問するのではなく、**「女性客のためになる質問」**をするということです。

まずは気持ちの問題。自分都合ではなく相手都合、売り手目線ではなく買い手であるお客様目線に立つことです。

今までの流れで、たくさん話を聞いたあと、きりのいいところで「何かわからないことや心配な点はありますか？」と質問してください。このセリフ、難しい法律的な説明や商品説明をしたあとにすることはあっても、通常の営業トークの最中、ましてや女性客がたくさん話したあとに聞くことは少ないのではありませんか？　これこそが**まさにお客様目線の質問**なのです。

そして、さらに大切なポイントがあります。それは「易しい言葉を使うこと」です。専門用語、外国語、熟語ではなく、カタカナでもなく、とにかく平仮名に置き換えてください。男性は難しい言葉が好きな人が多いですね。女性は易しい言葉が好きなのです。

「疑問や課題、障害はありますか？」だと、通じるけれどかたい感じです。難しく伝わります。「ハードルが高いですかね？　ネックになっていることはありますか？」と、やたら外国語やカタカナを連発する営業マンもいます。「約束」を「アポ」と言っても通じますが、一般の女性客相手の場合は言い換えてください。

「何かわからないことや心配な点はありますか？」

これなら中学生にも小学生にも通じます。この質問をきっかけに、現時点の問題を見つけましょう。

09

「プロとして私がお役に立てることはありますか？」

▼頼れる専門家としてアピール＋印象に残せる

いろいろな質問で女性客の本音を引き出し、信頼をつかんだら、最後はこの質問でビシッと決めてください。「プロとして私がお役に立てることはありますか？」です。営業マニュアルトーク集だと、「プロとしてお客様の役に立ちたいです」と言い切っている場合があります。確かに同じ意味ですよね。しかし質問にすると、与える印象とその後の流れがまったく違ってきます。

長年、女性客向けの営業をやってきて、気づいたことがあります。それは、**女性は「自分で決めたい」**ということです。そして、**それを言葉にしたい**のです。

もし、「プロとして○○さんのお役に立ちたいです。お願いします」と頭を下げたとしましょう。「そこまで言うなら……」とＯＫしてくれたとしても、そこから迷うのが女性です。「お願いされたから、買ってしまったのかな」「なんか強く押された気がするな」と。実際に、「さっきは買うと言いましたけど、やっぱりもう少し考えたいんです」と連絡があったこともあります。

だから、質問形式なのです。女性客に委ねるのです。「プロとして」というフレーズは大事です。あなたが、もし20代で経験も浅くて、お客様がかなり年上の方であっても、あなたがプロだからです。売っている商品に関してはお客様よりも知識があって、最適なアドバイスができるはずです。女性客は、誰でもいいから買いたいわけではありません。誰から買うかも重要なのです。同じ「買う」ならプロから買いたい。話を聞いて欲しい。相談にのって欲しい。アドバイスをして欲しい。そう思っています。

だからといって偉そうにされるのも嫌です。女性はわがままです。だからこそ「お役に立てることはありますか？」です。**この質問なら上から言われている感じを与えません。**それに、質問することで、その答えを女性客が出してくれるのです。

コラム❺

私のお気に入りのレストランの話です。はじめは知り合いの方に連れて行ってもらいました。そこの料理長がすごいのです。それぞれのテーブルに挨拶に来てくれます。しかも「○○さん、こんにちは」と名前を呼んで、にこやかな笑顔です。連れて来てくれた方に、「さすが！　シェフが挨拶に来るなんてお得意様なんですね」と言うと、「まだ2回めよ」とのこと。見ているとそのシェフ、すべてのテーブルに挨拶にまわっています。

数ヶ月後、そのレストランに予約をして、違う知人と訪れた際、やはりそのシェフはテーブルまで来てくれました。そして、「長谷部さん、こんにちは。本日はありがとうございます」と名前を呼んでくれたのです。友達が、「すごい！　お得意様？」と、やはり私と同じ反応をします。シェフ自ら、お客様のテーブルに挨拶に来てくれるのは、女性が大好きな「特別扱い」。だからこのお店はいつも女性客でいっぱいです。

以前、洋菓子店を起業する男性パティシエに、ライバル店に勝つ方法を聞かれ、アドバイスをしたことがあります。「女性客にファンになってもらうために『特別感』を味わってもらうことが重要ですよ」と。

商品そのもので勝負するのは正直難しいのです。どこのお店もそれぞれおいしい商品を出しているからです。だからこそ、「人」での差別化が一番しやすいし、オーナーパティシエのファンになってもらうことを目指そうと。そこで、前述のレストランを思い出し、「パティシエ自ら、お客様おひとりおひとりに挨拶するのはどうですか？　そういうお店はあまりないから、女性はうれしいと思いますよ」と提案すると「やります！」と。

ちなみに、先ほどのレストランの料理長のすごさについては、まだ続きがあるのです。行った時に話したことをすべて覚えておられて、次に同じメンバーで予約した時、「お友達の○○さんはりんごアレルギーですよね。□□さんはマヨネーズが苦手でしたよね。対応しますのでご安心ください」と、こちらがお願いする前に言ってくれたのです。3回目にしてこの特別扱いにはびっくりしました。私が常連客になったのは言うまでもありません。

共感のリアクション
トーク

Chapter
6

女性客が共感して話してくれるのは営業マン次第

解説

よく売る営業マンは「話し上手」よりも「聴き上手」

「よく売る営業マンは話が上手なんですよね？」とよく聞かれます。この「話が上手」というのは、立て板に水のごとく流暢に話すというイメージのようです。しかし！　実はよく売る営業マンは話すのがうまいのではなく、「聴く」のがうまいのです。

私も営業マンになりたての時はうまく話ができないことに焦りや不安を感じていました。しかし、結局わかったのは自分がたくさん話した時よりも、お客様がたくさん話した時のほうが売れるということ。「そうなのか～」と、気持ちは楽になったものの、ただただ話してもらえばいいというわけでもありません。世間話を延々続けていても売れませんから。そこで、セミナーやビジネス書で、心理学やコミュニケーション、マーケティングを勉強して実践したわけですが、中でも「コーチング」というコミュニケーションスキルが営業にとても役立ちました。まさに「聴くスキル」が身につくのです。

コーチングとは、**相手の持っている願望を、会話をすることでゴールまで導くコミュ**

ニケーションスキルです。学んで驚いたことが、**「話の主導権は話し手ではなく、聴き手が握っている」**ということです。話を面白くすることも、つまらなくすることも聴き手が決められるというのです。

さらに、相手の疑問に対する答えを言わないのがコーチングの肝でした。人は誰もが答えを自分の中に持っていて、人に決められるよりも自分で決めて口に出した答えのほうがしっくりくるし、その通りに行動を合わせようとするのです。

コーチングを学ぶまでの私は、誰かに何かを相談されたら、一所懸命に自分なりの答えを出してアドバイスをしていました。そして「いいことをした」気分になっていたのです。しかし、相手がそのアドバイス通りにしてくれない時、落ち込んだりちょっと腹が立ったりもして、人間関係に疲れたことがありました。そんな時、コーチングを学んですっきりしました。

これはセールスの場面でも同じです。お客様の中にあるものを引き出して、話してもらう。特に女性はたくさん話したい生き物です。話を聴いてわかってくれる営業マンが好きです。そのために大事なのは相槌でのリアクションです。営業の場面で共感をつくり出すリアクショントークのベスト5をお伝えしていきます。

01

いろいろな場面で使える「そうなんですね」

▼「ちゃんと聴いていますよ」ということが伝わる

よく売る営業マンや販売員はリアクションが上手です。テレビを見ると、黒柳徹子さん、タモリさん、明石家さんまさんは、それぞれ個性があるものの表情が豊かで、相槌の種類が多いから、話している相手がどんどん話したくなっているのがわかりますよね。無表情な人や無口な人とは会話は続きません。楽しくないですから。また、「はい」の連発では単調すぎて会話が盛り上がらない。かといって「おっしゃる通りでございますね」などの丁寧すぎる相槌は、かえって場をしらけさせてしまうことも。

たくさん話してもらう方法としておすすめしたいのが、まずはどんな場面にも使える

「そうなんですね」です。「はい」よりも**「ちゃんと聴いていますよ」「承認していますよ」というニュアンス**が伝わります。さらに！　これが肝心なのですが、リアクションというのは言葉だけではありません。**イントネーション、つまり抑揚、声の強弱、スピード、そして表情や身振り手振りまでがワンセット**です。通常の「そうなんですね」が、抑揚をあまりつけずに、ちょうど真ん中くらいの大きさ、早さ、普段の表情だとすると、悲しい話に対する「そうなんですね……」は、消え入るような低くて小さめの声、表情は暗く固まっているような感じ。逆にうれしい話に対しての「そうなんですね！」は、弾むような大きくて高めの声で、語尾を強くして、表情は明るく、目を大きくして歯を見せて笑う。なんなら飛び跳ねるくらいのアクションを取り入れてもいいでしょう。

このように「そうなんですね」はどんな話にもいろいろなバリエーションで対応できる相槌です。試しに「そうなんですね」の相槌だけで、いろいろなバリエーションを使って会話をしてみてください。声と身振り手振りを意識して工夫すると、相手がどんどん話してくれます。もちろん自分のリアクションよりも相手の話に集中して対応することが大事ですよ。

02

驚くような話や自慢話に対応する「本当ですか？」

▼女性客の気分が盛り上がり、いい感じで話が続く

リアクションがオーバーなほど、話し手は気持ちよくなります。女性客は話好きで、話しやすい営業マンには雑談や世間話でもいろいろな話をしてくれることがあります。そこで、特にお客様ご自身のお話で、驚くような出来事の話や自慢話に対しては、ぜひ**オーバーなリアクション**をおすすめしたいのです。

女性客　「この間、海外旅行でフランスに行ったら、びっくりしたことがあったの」
営業マン　「そうなんですね」
女性客　「○○っていう女優に会ったのよ！」

営業マン　「そうなんですね」

これでは単調です。便利に使えると前述した「そうなんですね」ですが、女性客のテンションが高めの時は、「本当ですか?」という相槌を使ってください。

女性客　「この間、海外旅行でフランスに行ったら、びっくりしたことがあったの」
営業マン　「えっ！　何があったんですか?」
女性客　「○○っていう女優に会ったのよ！」
営業マン　「本当ですか?」

「本当ですか?」という言葉は、質問しているのではないのです。**びっくり度を強調**しているのです。大きめの声でいつもよりワントーン高くして、つまりテンションを高めに反応してください。さらに目を丸く見開いて、まさにびっくりした表情で言ってくださいね。「本当ですか?」と反応すると、女性客は「それが、本当なのよ〜。もう私もびっくりしちゃって、おもわず主人を呼びに行ったわよ。そしたら主人もすごいって大喜びで」と、相槌ひとつで女性客の気分も盛り上がり、いい感じで話が続くのです。

03

怒っている話題の時には「信じられません！」

▼たったひと言で「共感」の気持ちがより伝わる

「共感」とは共に感じること。女性は感情の生き物だと言われています。女性の話には感情を伴った話、自分がどう感じたのかということがよく出てきます。うれしいこと、悲しいこと、驚いたこと、怒っていることなどの**感情が伴う話に、聴き手が共感してくれたらうれしいもの**です。ただ、聴き手からの「共感していますよ」というメッセージは、**言葉にしないとうまく伝わらないことがあります。**

「私もそう思います」「僕もまったく同じ気持ちです」という共感を示すストレートな表現もいいのですが、もし営業マンが会話の中でこれらの言葉を連発したら、お客様は話しにくくなります。

女性客　「ちょっと聞いてよ。さっき後ろから急にぶつかってきた人がいて」
営業マン「そうなんですね」
女性客　「痛いって言ったのに、目も合わさず謝りもせずに追い抜いていったのよ！
　失礼すぎない？」
営業マン「わかります。僕もまったく同じ気持ちです」

これでも悪くはありません。でもこちらよりも、

女性客　「ちょっと聞いてよ。さっき後ろから急にぶつかってきた人がいて」
営業マン「えっ！　なんですか、それ！」
女性客　「痛いって言ったのに、目も合わさず謝りもせずに追い抜いていったのよ！
　失礼すぎない？」
営業マン「信じられません！」

これです！　このたったひと言で、「私も怒っています」という「共感」がより伝わるのです。

04

苦労話、大変な話には「わかります……」

▼寄り添う事例と合わせて使うことで最適な相槌に

女性客への「共感」では、「寄り添う」ということをぜひ意識していただきたいです。優しい気持ちで営業マンとしてその分野のプロフェッショナルとして、女性客のために何をして差し上げたら喜んでいただけるのか、そのために何をお話すればいいのか、何を聞けばいいのか、ということを常に考えていただきたいのです。

女性客は自分の話に深く共感してくれる営業マンが好きです。寄り添ってくれる営業マンなのか、ただ商品を売りたいだけの営業マンなのかを会話の中で判断しているのです。私が営業マン時代、女性客と1時間以上話し込んでいると、苦労話や大変な話を聞くことが何度もありました。実はこの場面でのリアクションには私も苦労しました。その状況を自分が体験したことがない時、想像がつかない時になんと言えばいいのかと。

女性客「息子がね、大学受験に3年連続失敗してて、また今年もだめだったのよ。まったく何年経ったら受かるのかしら。就職してくれたらいいのに、本人がどうしても大学に行きたい、最後にもう1年だけ頑張りたいって言うのよ……」

「そうなんですね」ではそっけないし、「それは困りましたね」だと失礼に聞こえそうだし、「それはびっくりです！」だとバカにしてるように思われそうだし。かといって「就職もいいですよね」というのも上からすぎる……。いろいろ考えた末に最適な相槌を見つけました。

それが「わかります……」です。小さめの声で消え入るように神妙に、でもちゃんと聞こえるように言うのがポイントです。独身でも子どもがいなくても女性客の気持ちにとことん寄り添うことが大事なのです。「わかるの？」と返されたら、「私のいとこもそうだったんです」「知人に同じような方がいるんです」「ニュースで同じ境遇の方の話を聞いたんです」と寄り添える事例を話してください。それがない時は、「私には子どもはいませんが、○○さんの気持ちを考えると、わかります……」と返事をしましょう。

05

最上級の悲しみには「おつらいですね」

▼NGな相槌に注意して、「ひと言＋沈黙」で乗り切る

身の上話もしてくれる女性客。一番リアクションに困る話題がありました。それは「死」に関することでした。身内のどなたかが亡くなった、時には大事にしていたペットが亡くなったという話です。

女性客「ずっと家族同然に暮らしてきたインコのピーちゃんが、昨日死んでしまって。もう私どうしたらいいのか。食事も喉を通らないくらい悲しくて、悲しくて」

女性客は涙ぐんでつらそうにお話されています。こんな時のお声がけは難しいもので

す。営業マンとしてのNGな相槌をいくつか紹介します。

「大丈夫ですか？」「元気出してくださいね」「時間が解決しますよ」「寿命だったんですね」「きっと天国に行ってますよ」「つらいことがあったら、次はいいことがありますよ」「私も実は、先日猫ちゃんを亡くしたんです。でもすぐに元気になれましたよ」

もしかして一見よさそうに思いましたか？　あなたが友達や親戚だったらいいかもしれません。でもあなたは営業マンです。その女性客とどんなにつき合いが長い関係であろうと、これらの言葉かけは危険です。

おすすめしたいのはたったひと言。「おつらいですね」です。

人であっても動物であっても、その方にとっては大切な存在だった。そして今その悲しみの真っ最中におられる。その**つらい気持ち、先の見えない気持ちに、とことん寄り添ってください。**理解できないかもしれない、計り知れないこともあります。ただ、その女性客の大変な状況、悲しい気持ちを認めて**「私はわかっています」という気持ちを込める**だけでいいんです。「おつらいですね」と言ってその後はただ沈黙してください。

コラム❻

石油ストーブを買おうと思ってインターネットを見ていました。私は、家電でも日用品でも、とりあえず何でもネットでまず調べます。買うつもりがないものでも、「今どんなものが出ているのかな」という市場調査のつもりで見ることもあります。その結果、これだ！　と直感で買ってしまうことがほとんどです。

私が石油ストーブを買った理由。それはショッキングピンク色だったからです。先に伝えておきますが、「女性向けの商品だからピンク色にしておけばいいだろう」と決めつけるのは大きな誤解です。なぜならピンクには幅広い色味があるからです。私は紫色っぽい「マゼンタ」と呼ばれるショッキングピンクが好きですが、黄味がかったサーモンピンクや桜のように淡いピンクには心は動きません。このストーブは、見るからに私の好きな色でした。

ショッキングピンクのストーブですよ！　見たことありますか？　誰もが持っていないであろう「希少性」というものにも女性はグッと惹かれるのです。形も、丸っこくてかわいく、好みでした。そう、見た目のみで買ったのです。

この話を男性にすると驚かれます。男性がストーブを買う時は、まず何畳用かを確認するそうです。まさに男性が買い物で重視するスペックですね。その後にメーカーの確認で、色は正直どうでもいいらしく、条件を満たしているものの中から最後に選ぶそうです。

私は見た目重視なので、そのストーブがいまだに何畳用なのか、どこのメーカーなのか、実は知りません……。「ストーブなのだから、暖かくなればいいじゃない」と思っているほどです。見た目がかわいいと、ワクワクした気分にもなれるので、それだけで幸せなのです。

同じようにノートパソコンも買ってしまいました。まず、見た目がこれまた私が好きなゴールド系でキラキラのラメ仕様。これにはテンション上がります！　さらに限定商品だったこと。これも希少性。しかもケースもおしゃれで完全にひと目ぼれです。買ってから、バージョンはじめスペックを知りました。これにも男性にびっくりされました。「その買い方。ありえない……。パソコンを見た目で買うっておかしいんじゃない？」と。いえいえ、女性にとってはちっとも不思議なことではありませんよ。

あなただけ
トーク

Chapter
7

女性客に最も重要！オンリーワンを感じると心が動く

解説

女性客を買い物の主役にすることが、営業マンの重要な役割

大切なので何度も言います。女性客にとって買い物の主役は「商品」ではなく「自分」です。商品を使っている自分がどう見えるのか、商品やサービスを体感したあとにどうなれるのか、ここが重要なのです。お店で買い物をしている時、営業マンからすすめられている時、女性は頭の中で**その商品を手に入れたあとの「未来の自分の姿」をイメージ**しています。自分ワールド全開です。

「このワンピースを買って今度の食事会に着て行こうかな。○○さんや□□さんに、きっと素敵とか、かわいいって言ってもらえるだろうな〜。うふふ、バッグとアクセサリーも買わなくちゃ」

「このミキサー、かわいい！　家電も見た目が大事よね。金額もそんなに高くなけれ

ばオッケー。かわいいとジュースやスムージーを毎日つくりたくなる気がする。美容にも健康にもいいし。なんだか楽しくなってきた～」

「えっ！　モデルの○○プロデュースの限定エコバッグ出てるんだ。素敵！　エコバッグは持っているけど、かなり年数経っているし、そろそろ買い時だったかも。ここで出会ったのが運命。限定だから、なかなか手に入らないかもしれないしね」

「この手帳カバー、私の好きなオレンジ色！　エナメルっぽいツヤツヤ感も好きだな。これだとキーケースやペンケースのオレンジともぴったり合うから、みんなにも褒めてもらえそう。こんなにばっちり好みなのは、めったにないから買おうっと」

そう、**はっきり言って妄想**です。男性が「○○を買おう」と決めて行動するのに対して、女性は直感で買い物をします。「出会ってしまった」感です。それも、自分を引き立ててくれる「運命の商品」に。この女心を十分意識した上で、女性客を主役にする買い物のお手伝いをするのが営業マンの重要な役割です。そのために「あなただけ」トークを極めましょう。

01

「限定商品なんです」

▼女性客は「限定」という言葉に弱い

とにもかくにもオンリーワンです。それが特別感。あなた「だけ」と同じ響きの、ここ「だけ」、今「だけ」の限定商品や限定サービスは女性客の心を揺さぶります。ここでしか手に入らない、今しかない、というのはなんて魅力的なのでしょう。女性客にとって**「私だけ」手に入れた商品、「私だけ」知っているサービス**というのは優越感を感じさせてくれるのです。

私は大阪で育ち、働いてきました。東京出張することが多くなった時、とても楽しみにしていたことは、大阪にない商品やサービスを買うことでした。当時、大阪には進出していなかった、H&M（スウェーデン発のアパレル）やDEAN&DELUCA（おしゃれ食品&雑貨店）に買い物に行ったものです。自己満足の世界です。大阪では持っている人が少ないので「私だけ」という特別感に浸っていました。さらには女性ファッション誌で知った、銀座にある眉毛専門のサロンにも行っていました。

ところが、しばらくしてH&MもDEAN&DELUCAも眉毛専門サロンも大阪に出店しました。もう特別ではなくなったのです。もちろん、私の「買いたい熱」も一気に冷めてしまいました……。

今やインターネットで簡単に買い物ができる時代。そういう意味で限定品が少なくなってしまいました。だからこそ、「ここでしか買えない」という地域限定商品や、「今しかない」という数量限定商品にはとても魅力を感じます。

営業マンや販売員に「この商品は○○の記念商品なので、全国で100個だけの限定商品なんですよ」とか「地域限定のオリジナル商品なんです。ネットでも販売してないんですよ」とすすめられたら、おもわず心が動きます。カフェやレストランや居酒屋でも「○○限定メニュー」と書いてあるものをついつい頼んでしまうくらいですから。そんな時、女性客は口を揃えて言います。「やっぱり私、限定品には弱いわ～」と。

02

「これはまだ誰にも言っていない情報なんですけど」

▼「ナンバーワン」の特別感

女性客は「あなただけ」トークをされるとテンションが上がります。さらに、それが大勢に対してではなく、「ナンバーワン」ということが感じられる「特別扱い」は、最高にうれしいものです。営業マンも、新規客よりもいつも買ってくれるお得意様であれば、お得な情報や喜んでいただけそうな情報は真っ先に伝えますよね。**黙っていてはわかりません。控えめなトークでは特別感は届きません。**そんな時におすすめのトークです。

営業マン　「実は、これはまだ誰にも言っていない情報なんですけど」

お客様「え、何？　お得な情報？」
営業マン「はい。○○さんが欲しいとおっしゃっていたのに、すでに売り切れてしまった先日の商品が、数量限定で出ることになったんです！　今朝の社内報で情報がまわってきたんです」
お客様「うわ〜。今度こそ欲しいわ！」
営業マン「ただ、テレビでも紹介された人気商品だから、情報がオープンになったら、多分予約が殺到して、またすぐに売り切れてしまうと思うんですよね」
お客様「いつ販売するの？　予約はできるの？」
営業マン「1週間後から、電話のみの予約で注文を取るんです」
お客様「今度こそなんとしてもゲットしなくちゃ。でも電話だと難しいかしら」
営業マン「ここからは内緒にしておいて欲しいんですけど、特別に○○さんの予約を今日私が受け付けます！　いつもたくさん買ってもらってるので特別です」
お客様「え、いいの!?　さすが□□さん。すごくうれしい。本当にありがとう！」

と、オーバーに伝えて欲しいのです。一番に特別扱いをされた女性客は、またその営業マンや販売員から買いたいと思うはずです。お客様が離れていかないトークです。

03

「○○さんにぴったりです！なぜ今まで出会わなかったんでしょうね」

▼モノと一緒に生きていく感覚を理解する

男性にとって商品は「モノ」でしかないですが、女性はそうではありません。不思議な感覚を持っているのです。**「モノと一緒に生きていく」感覚**です。女性は、無計画に突然、直感で買い物をすることがあります。**「衝動買い」のことを「ひと目ぼれ」と表現する**のです。例えばこんな感じで話します。

「急に呼ばれた気がして振り返ってドキッとしたの。私を買って！　連れて帰って！　っていう声が聞こえてきて、まさに運命の出会いだったのよ」

男性にしたら「?」ですよね。その気持ちよくわかります。もちろん、すべてを理解してくださいとは言いません。ただ女性客に売っている営業マンには知っておいて欲しいのです。男性にとっての所有物は、女性にとって共同生活者のようなものなのです。冷蔵庫に「おはよう」の挨拶をしたり、車に「○○ちゃん」というニックネームをつけたりもします。女性の買い物の主役は商品ではなくて自分自身ですが、**モノたちも脇役として、買い物後のストーリーの中にいる**のです。

これらを踏まえた上でのおすすめトークです。

「○○さんにぴったりです！　なぜ今まで出会わなかったんでしょうね」
「○○さんに連れて帰って欲しい！　っていう声が聞こえてくるようですね」
「晴れて○○さんのところに『お嫁入り』です。私もうれしいです」
「これから末永く大事にしてあげてくださいね」

そう、**商品をまるで生きている何かのように表現**して欲しいのです。「○○さんだから安心してこの子をお任せできます」。そんな親心で商品をお渡しできれば最高です。

04

「この商品を持っている素敵な○○さんが頭に浮かびます」

▼具体的なシーンに共感すると心が動く

女性は直感で買い物をする、と前述しました。男性が「必要だから」買い物をするのに対して、女性には「好きな色だったから」「好きな形だったから」「好きな素材だったから」「限定品だったから」という理由があります。

先日、いつものように「これだ！」と直感でワンピースを買いました。ただ、かなりインパクトのある模様だったので、普段着では無理だなと思っていました。「どこに着て行こうかな」と、知人男性にその買い物の話をしたら、「えっ！ 目的もなく服を買ったの？」ととても驚かれて、逆にびっくりしました。でも冷静に考えると確かにそうですね。**女性の買い物の理由は後付け**です。「ちょうど買う時期だったんだ」と。

商品を見ながら女性客は妄想しています。「素敵！　どこに着て行こうかな。そうだ！　今度の同窓会に着て行くのはどうだろう。ちょっと派手かな。でも、会場はホテルだし、おしゃれして行きたいし。それに10年ぶりだし、ここは思い切って買うべきだよね」と、あれこれ理由を後付けして、買うことを自分に説得しているんですよ。この自分の心の声での対話はかなり楽しいです。営業マンには、そんな女性客の妄想をぜひ盛り上げていただきたいのです。

前述のワンピースの例ならば、まずは温かい目で見守り、女性客が目線を合わせて、さらに「同窓会にはちょっと派手ですかね？」ともし聞かれたら、「この服を着て同窓会で注目を浴びる素敵な○○さんが頭に浮かびます」と、**背中を押してあげて欲しい**のです。**プロに共感されることで、女性客は確信する**のです。

ＮＧトークも伝えておきます。女性客がお店に入ってきた直後に、「何かお探しですか？」と言うのはやめて欲しいセリフです。目的買いをする男性客向けならＯＫですが。女性客には、まずは自由に店内を見させてあげてください。アドバイスが欲しい時は、自分から目を合わせたり、声をかけたりしてくるのが女性客です。その時にはすでに買うのを決めていたとしても、さらに**プロからの「太鼓判」が欲しい**ものなのです。

05

「○○さんに喜んでいただけるように、頑張りますね！」

▼「私のため」がうれしい

女性客はちゃんとわかっているんです。自分がその他大勢のお客のひとりであることを。営業マンが優しく対応してくれているのも、時にお世辞を言うのも、「仕事」でやってもらっていることを。

それでも、それが**わかっている上でも特別扱いされるとうれしい**のです。だから何はともあれ、アピールです。営業マンは、言葉や表情に出して、きちんと伝えてください。

特に契約してもらったあとや買ってもらったあとに、施術や施工がはじまる商品や無形のサービスの場合、それが終了するまでは関係が続きます。営業マンにとっては、チャンスです。「○○さんに喜んでいただけるように頑張りますね！」というこの言葉は安心していただけるし、喜んでいただけます。

売る人である営業マンや販売員と、つくる人や実行する人である技術者が違う場合は特に要注意です。私が住宅リフォームの営業をしている時、女性客によく言われたのが、「営業マンって、契約するまでは頻繁に通ってきて、契約した途端に違う担当者にバトンタッチしてまったく来なくなる」という不満です。**「営業マンは契約を取るまでが仕事」なのかもしれませんが、女性客はそれを嫌がります。**だから言葉をかけて欲しいのです。女性客を安心させてください。

営業マン　「○○さん、お買い上げありがとうございます。実は僕の担当はここまでで、今後の担当者は□□というものになります。次回ご紹介しますね」

女性客　「そうなんですね。○○さんはもう担当されないのですね」

営業マン　「いえ、営業担当はずっと私です。完成後に○○さんに喜んでいただけるようにきちんと引き継いで、手配しますので、どうかご安心ください。○○さんのために最後まで頑張ります」

女性客　「そう言ってもらえたら安心だわ。最後までよろしくお願いします」

06

「○○さん、いつもおっしゃってますよね」

▼以前の会話を覚えてくれているとテンションアップ

よく売る営業マンや販売員は、お客様のことをよく観察して、覚えています。記憶力に自信がない？　大丈夫です。メモをすればいいのです。「1回会っただけで名前を覚えてしまう」という人がいますが、それは特別な才能だと私は思っています。売れる営業マンになるために、あれもこれもできないとだめだと考えるのではなく、自分の得意なところを伸ばして、不得意なところは何かで補えばいいと考えると、気持ちが楽になりますよ。私は、**お客様のカルテ（個人情報カード）に話したことを簡単にメモ**していました。書いたら忘れていいのです。次に会う時にそのカードを見直し、「そう言えばこの間、こういうことを話したな」と思い出せばいいのですから。

「○○さん、いつもおっしゃってますよね」「○○さん、この間おっしゃってましたよね」という言葉は、女性にとってとてもうれしいものです。女性は基本的に「おしゃべり」なので、いろいろなことを話します。例えば何度も同じことを聞かれたらどう思うでしょう？「え〜、また？　前にも話したんだけど」とがっかりします。

以前した会話を、次のように伝えてくださいね。売上アップに直結します。

販売員「今年の秋のトレンド色はオレンジです。○○さんの好きな色が来ますよ！」
女性客「えっ！　私の好きな色を知ってるんですか？」
販売員「もちろんですよ。○○さん、この間おっしゃってたじゃないですか。カラーのプロに診断してもらったんですよね」
女性客「そうなの！　うわ〜、覚えててくれてうれしい」
販売員「お客様との会話はしっかり覚えてますよ。○○さんのカラーの話は特にインパクトがあったので。オレンジの秋物が入ってきたら、真っ先に連絡しますね」

コラム❼

飲食店のみなさんに、これだけは言っておきたいことがあります。女性客にとってデザートは重要です！

先日、男女のグループでイタリアンレストランに行き、コースをいただきました。とてもおいしかったのですが、最後にデザートが来ません。お料理はたくさん出てきてお腹はいっぱいなのですが。「あれ？　デザートは？」と女性たちは口々に言っています。しかし、お店の人は「コースは以上になります」と。最終的に女性たちの感想は、「おいしかったけど、デザートがなかったからね〜。それなら一品減らしてデザートにしてくれたらよかったのにね」です。

女性客にとって、食事の締めはデザートであることが重要です！　男性客は締めが炭水化物でもアリかもしれません。しかし、女性は居酒屋に行っても、焼肉屋に行っても、最後にデザートを食べます。季節のフルーツでもOKです。

デザートが充実しているお店はやはり女性に人気があります。以前は、居酒屋や焼肉屋のデザートと言えば、アイスクリームかシャーベット程度だったのに、今ではパンナコッタ、プリン、パフェ、ワッフル、ケーキなど充実している店もあります。女性は、そのデザート目当てにお店を選んだりもするくらいです。

女性客にとってこんなにデザートが重要で、リピートするかどうかさえも左右するのに、なぜデザートをつけないコースがあるのかが疑問にさえ思えてきます。もしやデザートはコースにとって邪道なのでしょうか？　それとも、いろいろな意味で面倒なのですか？　私にしたらとても不思議です。一方で、いくつかの喫茶店では、コーヒーや紅茶を頼んだら、チョコレートやクッキーがちょこっとついてきます。このおまけが女性にとっては小さな幸せ。そう、たくさんは求めていないのです。少しでいいんです。

そう言えば、訪問時の手土産に甘いお菓子を持ってきてくれる事務用品の営業マンは、いつも女性スタッフから人気があって、「同じ買うなら○○さんからだよね」と女性上司が発注していました。女性にとって甘いものの存在が、決断を有利に進めてくれるアイテムなのです。

実は私はトーク

Chapter 8

営業マンが自己開示することで「この人から買いたい」が加速する

解説

女性客は「ただの営業マン」より「素性のわかる営業マン」から買いたい

買い物の主役は、目の前の「女性客」です。そのために、マニュアルトークではなく、目の前のたったひとりの女性客を見て、感じ取って接客することがとても大切になります。しかも、それを女性客は敏感に察知します。心がこもっていない言葉はすぐにわかります。「これは誰にでも言ってるわ」と。

営業は常にマンツーマン。ご夫婦や親子など、お客様がふたり以上いらしても、話す時は**常に個と個を意識することが「共感」の場をつくります。**

個と個、**つまり営業マンも自分という個人をどんどん出していく**ことをおすすめします。前述しましたが、「弊社は」「うちの会社は」「当店では」「私どもは」という営業トークをする方がいますが、女性客からすればとても距離を感じます。そこに「個」を感じ取れないからです。「僕は」「私は」からはじまる言葉を増やしていきましょう。

これを研修でお伝えすると「えっ！　会社員なのに自分のことをアピールしていいんですか？」と聞かれることがあります。

いいのです！　よく考えてみてください。低価格な消耗品ならまだしも、車や住宅や保険や結婚式のような、高額商品、無形商品、人生に深く関わる商品だとしたら、信頼・安心できる人から買いたいと考えませんか？　特に女性客は、**大企業のような信頼できる会社であっても、担当してくれた営業マンに不安を感じると買いません。**これはとても大事なことです。

では、どんな人が信頼できるでしょうか。それは、**「どんな人なのかがわかる人」**です。事前ヒアリングやカルテなどでお客様側は個人情報を出しているのです。いくら営業マンでも素性のよくわからない段階では、やっぱり少し距離を取っています。特に女性客は。警戒しているのです。

そんな時こそ、「自己開示」です。あなたの「人となり」がわかるような背景や気持ちなどの情報を女性客に営業トークの中でどんどん伝えてください。それが安心・信頼に直結して、購入につながっていくのです。そう、自分のことをアピールするのは、お客様のためでもあり、会社のためでもあるのです。では、具体的に説明していきますね。

01

「私もそうなんですよ」

▼「共感」の場を一気につくることができる

「自己開示」と言っても、何も自分のプロフィールや考えを女性客に詳しく話さなくてもいいのです。まずは女性客との会話の中で、自分が共感できる点があった時に、同じ考えだ、同じ気持ちだ、と意思表示するだけでも十分です。例えば、

女性客　「やっぱり私は見た目が一番大事です」
販売員　「そうなんですね。どのような見た目がお好きなんですか？」
女性客　「ぱっと見てかわいい感じで、気分がウキウキするようなの」
販売員　「と言いますと、派手めのものでしょうか？」

女性客「そうね。派手なほうが好きだな」
販売員「そうなんですね。機能にご要望はございますか？」
女性客「それはあまり……。よくわからないし」
販売員「では価格はいかがでしょう？」
女性客「それもあまり考えてないかな」

この会話を「共感」を交えたものに変えてみましょう。

女性客「やっぱり私は見た目が一番大事です」
販売員「そうなんですね。どのような見た目がお好きなんですか？」
女性客「ぱっと見てかわいい感じで、気分がウキウキするようなの」
販売員「私もそうなんです！　すごくわかります。気分が一気に上昇しますよね」
女性客「そうよね！　わかってくれてうれしいわ。おすすめはどれかしら？」

例えばあなたがそう感じない場合は、「女性のお客様はそうおっしゃる方が多いのでよくわかります。僕もいいと思います」と伝えても「共感」になります。

02

「私はこれがイチオシです！」

▼女性客は営業マンの意見を聞きたい

女性客は、営業マンや販売員の個人的な意見を聞きたいと思っています。いつもその商品に接している人が選ぶなら、どの商品なのかということが知りたいのです。実際にお客様から、「あなたは使っているの？」「あなたはどれを持っているの？」「あなたはどれがお気に入りなの？」と質問されることはよくあるのではないでしょうか。私もよくありました。こんな時は、ズバリ言ったほうが女性客からは信頼されます。例えば、レストランで、

女性客　「どれもおいしそうで迷うなあ。あなたのおすすめメニューはどれですか？」

店員A「当店ではすべてのメニューがおすすめとなっております」
女性客「そうなんだ……」

これは、一番よくない対応です。しかしよく見かける光景です。

女性客「どれもおいしそうで迷うなあ。あなたのおすすめメニューはどれですか？」
店員B「当店では、今このAランチがおすすめです」

これはマニュアル対応ですね。女性客が聞きたいのは「あなたの意見」です。

女性客「どれもおいしそうで迷うなあ。あなたのおすすめメニューはどれですか？」
店員C「私はBランチがイチオシです。とてもおいしくて私も大好きなんです」

女性客が欲しいのはこの回答です。あなた自身のおすすめを求めています。本章の冒頭でお伝えしましたよね。「当店では」と言われると、遠い感じがして、共感できないのです。個人の意見を出していきましょう。ちなみに、おすすめを言っても選んでもらえない場合もあります。そんな時も落ち込まないようにしましょうね。

03

「私も買いました」

▼背中を押すことができる。ただし、使い方に要注意

私は人に何かをすすめる時、自分がまずやってみます。ものなら買って使ってみる。サービスなら体験してみる。場所なら行ってみる。そして自分が本当によいと感じたことをおすすめします。そうじゃないと気持ちが入りません。よいかどうかわからないことは、おすすめできません。同じように、営業マンにも、おすすめする商品のことは好きでいて欲しいと思います。「会社の商品だから売っている。特に好きでもないけど」という方もいるかもしれません。でもその気持ち、女性客は感じ取っていますよ。

女性客に響くのは「私も買いました」です。だからと言って嘘はだめです。それはばれます。買っていなくても、研修で体験した場合は、「私も使いましたよ」や「体験し

てみました」と言えますね。サンプルが支給された場合は、「私も持っています」でもいいですよ。

それを聞いた女性客は**「多くの商品がある中でも、売っている人が使うくらいいいものなんだ」**と感じます。そして購入への気持ちが動くのです。女性向けの商品を男性が売っている場合は、「僕の妻が」「僕の母が」と言い換えてもいいですし、自分が気に入ったのでプレゼントしたというエピソードも効果的です。

ただ、使い方に注意が必要です。例えば洋服。買おうかなと思って見ている時に、「私も買ったんです」と言われると、私は買う気がなくなります。同じ洋服を着ている時にばったり会うのは嫌ですから。この基準は、**友達と同じものを持っている時に、気まずくなるか、気まずくならないか、**というものです。例えば、携帯電話や車やノートパソコンが知人と同じでも気になりませんが、やっぱり洋服やアクセサリーなど身につけるものは嫌ですね。個性的なものや希少価値のあるものも、「自分だけ」持っていたいのです。女性はおしゃべりで、よくクチコミします。しかし、「特別感を感じたい時は情報を自分のものだけにしておきたい」生き物なのです。ですので、身につけるもの、個性的なもの、希少なものの場合は、あなたが持っていたとしても黙っておきましょう。

04

「私がもし、○○さんの立場だったら」

▼女性客に迷いがある時には効果的

お客様が、買うかどうか迷ってしまうことはあります。「どうしようかな」と、黙り込んでしまったりする時です。そんな時によくいるのが、おすすめポイントを再度伝える営業マンです。

女性客　「とても気に入りました。でも、ずっと使うかな……。今だけの気持ちかも」
営業マン　「この商品は先ほども言いましたが、限定品なので今だけのものなんですよ」
女性客　「それはわかるけど、また来年は来年で限定品って出ますよね。きっと」
営業マン　「お客様のおっしゃるご希望にはぴったりですし、何よりもこの最新の機能は他の商品にはない特徴ですし、欲しいと思われた時に売り切れてしまっている、なんて可能性もあり得ますよ」

女性客　「それはわかっているんだけど、なんか……」

こんな時こそ「私がもし、○○さんの立場だったら」を使ってみましょう。

女性客　「とても気に入りました。でも、ずっと使うかな……。今だけの気持ちかも」

営業マン　「何か心配されている点がおありですか？」

女性客　「実は私すごく飽き性なところがあって。ほんとに長く愛用するのかなって」

営業マン　「なるほど。もし私が○○さんの立場だったら、同じように迷うことがあると思います。そんな時、私は『欲しい！』と感じた、自分の気持ちを信じることにしているんですよ。売り切れて後悔するのは嫌ですし」

女性客　「確かに。直感に従うのがいいかもしれませんね」

女性客は、営業マンがただ「意見を言ってくれた」だけでなく、**「私の立場になって意見を言ってくれた」こと**にうれしくなり、購入へと心が動くのです。

05

「実は私……」

▼「この人から買いたい」につながる究極の自己開示

女性客が「この人から買いたい」と思うのは、営業マンが人として信頼できた時です。プロとしての知識や技術も大事ですが、「人柄」も同じくらい女性客にとっては大事なのです。前述したように、買い物をする時、男性客が「モノ」に集中しているのに対して、女性客は「モノ」と「人」をセットで感じています。いくら「モノ」を気に入っても、それを売っている「人」が気に入らなければ買う気を失います。だからこそ「自己開示」なのですが、究極は、特別な自分の「想い」を伝えることです。

「私、この仕事が大好きなんです」

「実は、私がこの仕事に就いた理由なんですが……」
「実を言うと僕、営業が嫌だったんです。人見知りなんです」
「私には、お客様に○○になってもらうという使命があるんです！」

このように営業マンとして、仕事に対する自分の気持ちや姿勢、仕事をしている理由やきっかけ、自分の過去の弱点、自分の使命を伝えると、女性客に響きます。聞かされた女性客は、**「そうだったんだ。こんな風に自分の仕事に一所懸命に向き合っている○○さんが言うことなら間違いない」**と、購入への気持ちが加速するのです。

ただ、このトークは**タイミングが大事**です。まだ話もろくにしてないのに、「実は私は……」とはじめると、「えっ？　いきなり何？」と思われてしまい、逆効果です。女性客にたくさん話していただいたあと、ちょっと一息ついた時がベストです。

または、お客様のほうから質問された時です。「どうして営業マンになったの？」「仕事は好き？」「○○さんはお客様から人気あるでしょうね」などと言われたらチャンスです！　思う存分話してくださいね。「ここぞ」という時に使うトークであることをお忘れなく。

コラム❽

女性の「買いたい」に大きく影響している「おまけ」の魅力を知っていますか？ 女性同士で集まると、「私たちって、おまけに弱いよね～」と会話が盛り上がることがあります。その代表的なものが、女性ファッション誌の付録です。「おまけ」の域を超えたクオリティがすごいのです。以前はエコバッグやポーチが多かったのですが、今やストッキングや化粧品までさまざまです。しかも有名ブランドのものです。雑誌の価格は、付録がつく前と比べてほとんど変わっていないのに、どうしてこんなにすごい付録がつけられるのかと感心するほど。もともとは、付録がないのが当たり前だったのに、こうなってくると付録がついていない女性誌を買うと損した気分になってしまいます。

付録がついたきっかけは、雑誌の種類が増えすぎて売れなくなってきたからだそうです。付録をつけたことで売切になった女性誌のニュースがネットで流れてからは、たくさんの女性誌に付録がつきはじめました。すると、表紙や広告で内容よりも付録を大きく取り上げているものもあって、一部の女性たちは欲しい雑誌を買うというよりも、欲しい付録を目当てに雑誌を選ぶようにもなってきました。女性誌の付録ばかりを紹介しているホームページまで登場しています。

「その雑誌には興味がないけど、付録欲しさに買ってしまった。雑誌の中身はほとんど読んでいない」という話もよく聞きます。うーん……。これって雑誌が売れるという意味では成功ですが、雑誌を読んでもらうという意味では成功ではないですよね。雑誌のファンになってくれたのではなく、たまたま付録がよかったので買っただけ。つまりリピートはしないということになります。

女性客に向けた販促をする時に気をつけて欲しいのはここなのです！　女性客が喜びそうなイベントをして女性客が集まりました。でもイベントやプレゼントやクーポンや割引で集まったとしても、本来の商品やサービス自体になんの興味も持ってもらえてなかったら買ってくれないのです。私も女性客を集めたいと開催したイベントでは数々の失敗経験があります。「おまけ」はあくまでも「おまけ」。主役ではないことを念頭に置きましょう。

ズバリ言います！
でも優しくトーク

Chapter
9

女性客はクロージングで背中を押されたい

解説

女性客から「買います！」と言っていただける決めゼリフ

いよいよ営業ノウハウの最後、「クロージング」についてです。営業セミナーや研修で、よく質問を受けるのもクロージングについてです。例えばこんな質問です。「いい感じで女性客とのやりとりが進んでいるのですが、最後のクロージングが難しいです。なかなか、『買います』のひと言がもらえないんですよね。何かおすすめの決めゼリフはありませんか？」

クロージングでの決めゼリフを持っていると自信につながりますよね。女性客のタイプや価値観はさまざまです。なので、目の前のお客様に合わせていくつかのバリエーションを持っておくことが大切です。

ただ、どんな言葉を伝える場合でも、女性客へのクロージングにおいて、知っておいて欲しいことがあります。それは、**女性客に「買います」「これに決めるわ」と言って**

いただくことです。もっと言うなら、その言葉を無理に言わせるのではなく、**自然と言ってもらえるようにすること。**

例えば、「もうこちらに決めてくださいよ」とか「買っていただけませんか」といった【お願いトーク】や、「今こちらを買わないと、なくなってしまうかもしれませんよ」「今だけしか安くないんですよ」といった【煽りトーク】、「特別に10％オフにしておきます」といった【安売りトーク】をして買っていただいても、あとになって「なんだか、買わされてしまった」という気持ちにさせてしまうことがあります。そうはならなくても「感謝」にはつながらないことは明白です。

私の営業や販売のモットーは**「売り手も買い手もハッピー」**です。「いい商品をすすめてくれてありがとう」とお客様に感謝されることを目指しています。お客様に喜んで買っていただきたいのです。後悔はして欲しくないのです。そうやって時間を重ねた結果、リピートや紹介につながり、トップセールスを続けることができました。ズバリ！　そして優しく女性客の背中を押して、心から「買いたい」と言っていただけるいくつかのクロージングトークを紹介していきますね。

01

「プロとしてはっきり言わせてください」

▼断固たる意見が女性客を動かす

接客の時に、何でもかんでも「お似合いですよ」と言われることに、とても違和感を持つ女性客は多いです。例えば洋服の場合、ぱっと見て気に入ったとしても試着してみないとイメージがつかめません。試着後に鏡を見て、直感で自分に似合うか似合わないかを判断しますが、プロの意見も欲しいのです。洋服の買い物において、「この洋服を着た私は他人からどう見えているのか」というのが大事なポイントだからです。

店員　「とてもお似合いですよ」
女性客「でもちょっと若い人向けじゃないですか？　年相応じゃない気が……」

店員「いえいえ、かわいいです。お若く見えますよ。似合ってます」
女性客「色も柄もなんか落ち着きがない気がするんですけど」
店員「いえいえ、年齢には関係なく着ていただけるお洋服ですよ」
女性客「うーん。なんか違う気がする」

このような展開になると、結局売れません。女性客が気に入っている場合はいいのですが、**迷っている場面では特にプロとしての意見が求められています。**はっきり言って欲しいのです。似合うとしても、似合わないとしても、プロのあなたの口から聞きたいし、その理由も教えて欲しいのです。

こんな時はズバリ、「プロとしてはっきり言わせてください」と言いましょう。そのあとに「お客様にはあまりお似合いにならないと私も感じました。その理由は〜〜」というように続けてください。女性客はお店や会社の売れ筋ラインなどではなく、あなた自身の意見が聞きたいのです。「プロとしてはっきり言わせてください」を普段から使うように意識してみてください。もちろん、自信を持って言えるよう、商品の勉強をしっかりすることもお忘れなく。

02

「どこがひっかかっておられるんですか？」

▼一緒に考えを整理して解決する

いよいよクロージングの場面。

営業マン　「いろいろお話を聞かせていただいて、あらためてこの商品は○○さんにぴったりだと私は思います。いかがですか？」

女性客　「そうよね。確かにいいものだとは思うのよ。お買い得だと思うし……」

ここでしばし沈黙。女性客が考えこんで黙ってしまうということがあります。この時の女性客はいろいろなことを頭の中で考えているのです。考えながら、自分の気持ちを

整理していることもあります。こんな時…、

営業マン「先ほども言いましたが、こちらの商品は5年間の研究のもとに新開発されたもので、弊社の自信作です。今までの商品にはなかった効果を期待していただけるものです。それに今なら限定パッケージになります。これは限定品ですから、すぐに売り切れてしまう可能性もありますし、私どもとしてはぜひ今、おすすめしたいと考えているんです」

これはNGです。女性客の頭の中が情報でいっぱいになっているのに、さらに言葉をたくさん浴びせると、最悪の展開は、「うーん。なんかわからなくなってきました。また今度にするわ」となってしまうこともあります。この場合は、**こんがらがった情報を一緒に整理してあげるひと言**が大切です。とにかく営業マンはしゃべりすぎない。「どこがひっかかっておられるんですか？」、あるいは「何か不安な点がおありですか？」と言って、相手に話してもらいましょう。

こう聞くと、「いや〜、特にはないんだけどね」と返事がくることもあります。即効で問題解決ですね。

03

「値引きは難しいです……」

▼値引き交渉には、困難を示しながら短くかわす

クロージングの場面で、値引きの交渉をされることがあります。もちろん、商品や業界や地域によって違いますが。私の経験ですと、百貨店で化粧品を売っていた時はほとんど値引きの交渉をされたことはありません。百貨店では決まった価格で販売するのが当たり前でした。ところが、まれにあるのです。それは海外からの観光客である外国人でした。当たり前や常識は環境や人によって変わりますよね。

その後、転職した工務店で営業していた「住宅リフォーム」では必ずと言っていいほど、値引き交渉をされました。「で、ここからいくら引いてくれるの?」と。その後の法人向けに広告を売っていた時も、値引き交渉されることはよくありました。私は、値

引きをしてしまうと、その前に値引きをしないで買ってもらった方に悪い、不公平になってしまうという気持ちがあったので、基本、値引きをしないことに決めていました。

値引き交渉をされた時に、値引きをしないと買ってもらえないのではないかと不安になり、「会社に帰って上司と相談してみます」と言ってしまう営業マンがいますが、これはＮＧです。いったん持ち帰ると女性客の買いたい気持ちが冷めてしまうことがあるからです。私の経験では、値引きを断ったからと言って「じゃあ買わない」と言われたことはないので、「値引きしてくれたらラッキー」という程度の交渉だと思っています。そして、この話は長引かせずにさらっとかわすことが大事です。

男性客の場合、単刀直入に「値引きはできないんです」と言うと、「わかりました」と解決します。あれこれ理由を述べずにズバッと言い切れば大丈夫。でも女性客には、「値引きは難しいです……」と困難を示すのがポイントです。その上で短く終わらせてくださいね。間違っても、値引きはできないのに「検討してみます」「上司に相談してみます」と期待を持たせることはしないほうがいいです。敏感な女性客には、けっこう見破られますよ。

04

「私の言いたいことはすべて伝えました」

▼時間を、もうかけないという意志を見せる

なかなか決断できない女性客がおられます。クロージングをすると、「でもね〜」とか「そういえば」と話がまた広がっていくこともあります。とにかくそこからの話が長いという女性客もおられます。女性は一度にたくさんのことを考えます。「いよいよ買おう」とする直前になって、また振り出しに戻って考えたり、まわりの影響を考えたりしながら、本当に買っていいのかを頭の中で確認したりしているのです。男性からしたら理解に苦しむ部分ですよね。そんな時にこのセリフがおすすめです。

営業マン　「この商品は○○さんの希望にぴったり合っていますし、品質もよくて、そ

れに流行に関係なく長く使えるので、一番おすすめのものです。いかがですか？」

女性客　「確かに……、でもね、実は以前見た他の商品もまだ気になっていて……」

営業マン　「私はこちらの商品がおすすめです。なぜなら、あちらは○○さんのおっしゃっていた仕事以外の普段使いには、少しかたすぎる印象ですので」

女性客　「そうね。あ、そういえば、今思い出したんだけど」（と、また違う話に）

すでにクロージングの場面なのに、このような感じで延々と話が続いていくと、

女性客　「うーん。なんかいろいろ話していたらわからなくなってきたわ。ちょっと1回、頭の中を整理してみる。また改めて来ることにするわ」

と終わってしまうことも。そこで、「私の言いたいことはすべて伝えました」と言って、最高の笑顔で微笑みかけてください。「決める時なんだな」と察していただけます。

05

「私を信じてください」

▼背中をグッと押すひと言

クロージングでの決めゼリフ。私はこれを使っていました。女性客は目の前の営業マンの言葉に大きく左右されるのです。迷っている時、最終的に買うか買わないかは営業マンの言葉で決まると言っても過言ではありません。女性客にとって、ものがよいだけではなく、プロである、そしていくつも売ってきた営業マンが自信を持ってすすめているというのは、大きな決断理由になります。男性営業マンのクロージングでは、「この商品は買っておいて間違いないですよ」と、やはり商品に視点を当てたセリフが多いと感じます。それもよいのですが、女性客には、ぜひこのセリフを使ってください。**もう多くは語りません。**「私を信じてください」のひと言です。

私は住宅リフォームの営業をしていた時、この言葉で決断いただいたことが何度もあります。平均３００万円、時には１０００万円を超える高価な買い物。しかも工事は住みながら行なわれることがほとんどです。家族が生活している家に、大勢の職人さんが入るのだから、不安や心配が多すぎて、奥様がなかなか決断できないのは仕方のないことなのです。何度か打ち合わせをしたあとのクロージングの場面。

奥様「A社とあなたの会社のどちかにするかで迷ってるの」
私「どのあたりで迷われてるんですか？」
奥様「初めての工事で不安が多くて。正直言って、A社のほうが大きな会社だから安心なの。何かあった時の保証やアフターフォローを考えると」
私「○○さんの不安や心配はわかります。でも、私を信じてください。何かあったら私が責任を取りますから」

このセリフを言うと、奥様が笑顔になるんです。ほっとされる様子がわかります。そして、「じゃあ、あなたの会社に決めるわ！」と契約いただいていました。

06

最後は黙る

▼沈黙が続いても営業マンからは何も言わない

クロージングで私が一番伝えたいのはこれです。高価な買い物であればあるほど、なかなか決断いただけないことがあります。契約書に印鑑を押してもらう時、印鑑を持ったまま沈黙をされてしまうこともありました。そんな時、営業マンは焦ります。

女性客「……」
営業マン「どうされました？　何か心配な点がおありですか」
女性客「今、買っていいのかなあって……」
営業マン「えっ……、こちらの商品は人気なので売り切れてしまう可能性があります

女性客　「そうなったら縁がなかったということなのかもよ」

女性客　「……」

営業マン　「どうされました？　何かご心配な点がおありですか」

女性客　「やっぱり金額が高いから、迷ってしまって……」

営業マン　「えっ！　わかりました。さらに10％オフします！」

女性客　「え〜、安くなるの？　もしかしてセールまで待ったらもっと安くなる？」

このように営業マンが話し出すとよい方向にはいかないものです。**女性客が沈黙する時、それはもう「買う」と決めている時です。**そして自分の気持ちを整理したい、整理して自分の口から「買います」「これに決めました」と言うための準備をしているのです。だからそこでいろいろと話しかけられたくないのです。

女性客が黙ったら一緒に黙る。何も言わないでください。こわい顔はだめですよ。目が合ったら、にこやかに微笑みかけてください。大丈夫です。沈黙はそう長くは続きません。数秒の沈黙が続いたあと、女性客は納得をして「買います」とおっしゃいます。

コラム❾

女性客にとって商品やサービスを購入する時の大きな要は「安心・安全」です。特に口から入る食べるものや飲むもの、そしてスキンケアや化粧品など身体に触れるもの、子どものもの、生活や暮らしに密着するものには敏感です。母として子どもや家庭を守らなければという思いは強いです。産地や消費期限を書き換えた食品偽装問題が起きるたびに、女性たちは何を信じればいいのかと不安になっています。

私が住宅リフォームの営業をしている時に「悪徳リフォーム会社」というのが社会問題になっていました。屋根や床下や壁の中など見えない部分の工事を手抜きしたり、やってもいないのに法外な金額を請求する業者が逮捕されるという事件が増えていたのです。テレビで取り上げられるたびに女性客のみなさんから「どうやって見分ければいいのかわからない」と言われました。私が勤めていたのは小さな工務店だったので、なおさら心配されました。

そこで私は悪徳リフォーム会社の特徴を調べました。そして、悪徳リフォーム会社が決してしないことをして信頼をしてもらおうと思ったのです。

まず、悪徳リフォーム会社は、社長や社員の素性を詳しく出していません。当たり前ですね。悪いことをしようとしているのですから。そこで、私はもちろん、スタッフや職人さんの情報を事前にお知らせすることで安心してもらったのです。私は会社員の時からずっと、名前と顔写真と何者かということをお客様が目にするものに載せています。私が消費者側の立場なら、顔と名前を出して発信し続ける人に「覚悟」を感じます。ここまでして悪いことをしないだろうな、この人は信用できる、と受け取ります。これは女性としての本能で感じるところです。

同じように、食品偽装問題があってから「斎藤さんちのトマト」「田中さんのお米」と名前入りの商品が増えてきました。少し高くても安心できます。そして最近では顔写真入りの商品も増えてきました。数年前に菓子パンの袋の裏に「製造責任者」の方の顔写真（笑顔）とフルネームが入っている商品を見た時は、「いよいよ食品もこうなったか」と感心したものです。最近ではイチゴのパッケージの表に顔写真が入っている商品もあります。

女性客をファンにするのは安さという金額ではなく、「安心・安全」です。そのための顔出しをしていきましょう。

Epilogue

「売り手も買い手もハッピー」を目指して感謝される営業マンになろう

01

「その他大勢」の営業からの脱却

営業マンは、どんな業界であれ、どんな形態であれ、常に競争にさらされています。私が住宅リフォームの営業をしていた時、「相見積り」といって、お客様が数社から見積りを取るのは当たり前のことでした。ほとんどの場合3～5社ですが、多い時は10社ということもありました。当然、選んでもらえるのは1社のみです。選ばれる会社よりも選ばれない会社のほうが多いのです。

そして、どんなに時間をかけて心を込めてプランニングをして図面を書いて見積書をつくっても、選んでもらえなければお金はいただけません。なので、なんとしても競争に勝たなければなりませんでした。

法人向けの広告営業をしていた時も厳しい状況でした。私は小さな会社の営業マンで、常に有名企業数社と比較されていました。1回契約をいただいたとしても、次の広告をかけての戦いがすぐにはじまります。連続して仕事をいただくためには、努力し続ける必要がありました。

しかも、この競争は激しくなるばかりです。昔は情報収集の手段は狭い範囲で行なわれていました。新聞、雑誌、テレビ、ラジオ、そしてクチコミ。何かを買う時は近所で、知っているお店で、という場合が多かったでしょう。しかし今や、誰もがインターネットをする時代になりました。携帯電話でいつでもどこでもパッと情報が手に入る。そうして**売り手側は知らぬ間に「比較」されているのです。**

何か買おうと思った時、インターネットで情報を収集する人は多いでしょう。私もそうです。例えば、洗濯機が故障して買わないといけなくなると、今どんな洗濯機が流行っているのか調べようと思い、検索サイトで「洗濯機」と入力します。すると上位に表示されるのは、メーカーサイトでも商品紹介サイトでもなく、「比較サイト」です。

機種別にそれぞれ北海道から沖縄までのどこのお店が安いのか金額順に勝手にランキ

ングされています。商品が同じもので、配送や保証など、すべての条件も同じであれば一番安いお店を人は選びます。

金額ではありませんが、お店やホテルは勝手にクチコミで評価されています。こちらも、利用者はお店やホテルを検索しているだけなのです。なのに、今やクチコミがもれなくついてきてしまいます。もちろん、すべてが正しいクチコミだとは信じていないでしょう。けれど、あまりにも評判がよくないお店はやっぱり遠慮しますよね。

こんな風に、勝手に比較され、昔に比べるとライバル会社が全国規模や世界規模になっていて、競争は増すばかりです。そんな中で営業マンがその他大勢から一歩抜け出す方法は、他との明確な「差別化」しかありません。

02

最も強い「差別化」は人！

「差別化」「差異化」「ブランディング」。いろいろな言葉で表現されていますが、たくさんの中からたったひとつを選んでもらうためには、他とは圧倒的に違う特徴がないといけません。私が住宅リフォームの営業の時に痛感したことです。そして、お客様はどんなことを決定基準にしているのかを徹底的に考えました。いろいろな価値観の方がおられますが、人は何らかの決め手があってひとつを選びます。その決め手にどんなものがあるのかを考えてみました。

ひとつは先ほど伝えた「価格」、他には「商品そのもの」「立地」「ブランド力（知名度や歴史）」「スピード」「サービス（付加価値）」、そして「売っている人」です。

これらのうちの何かひとつ以上が突き抜けていないと選んでもらえません。ライバル会社もみんな頑張っているのですから。

どこで差別化できるかを、私は必死で考えました。「商品そのもの」は料理人や職人など自らつくっている方なら差別化ができるでしょう。しかし、当時の私が販売している設備機器や建材はライバル会社もみな販売しているものでした。商品で違いは出せません。さらに、ブランド力も立地も変えられない。価格では戦いたくないし、スピードも劇的には早くない。サービスは工夫できるけれど、すぐに真似されてしまう。

そうして**残ったのが「人」、つまり営業マンである私自身**です。ここで戦うしかなかったのです。でも、結果これでよかったのです。価格で競争したって利益を削るだけですし、常に安売り競争にさらされます。お客様が定着しません。サービスはもっといいサービスのライバルが現われたらお客様が離れていく恐れがあります。

「商品が気に入っているから」「サービスが気に入っているから」というお客様よりも、「長谷部さんから買いたい」と言ってくださるお客様のほうが離れていきません！

そのためには、どこでどう差別化をすればいいのか。私はライバル社を徹底的に研究しました。他の会社に比べると私が勤めていた工務店は小さな会社だったため、圧倒的に不利でした。その中で選んでもらうためには、他がやっていないこと、やりそうにないことをしなければ。そこで思いついたのが奥様に気に入ってもらうということ。「女性に買っていただく営業トーク」です。本を読んだり講座に通って勉強もしましたし、もともと私は化粧品を女性客に売っていたので、その時に身に着けたことも実践で試して、どんどん極めることができたのです。

03

女性客を味方につければ、営業が楽しくなる

もちろん、最初からうまくいったわけではありませんでした。とにかくいろいろな方法を学んで、実践の場で試していったのです。そのうちに、うまくいくパターンの中でも自分のやりやすい方法がわかってきます。**「営業の正解はひとつではないんだ」**と気がついたのもこの頃でした。**「売れること」がゴールであって、その方法は無限にあること。**

私の場合、女性客に売るために頑張ったことで、女性に買っていただくようになり、リピートや紹介にもつながっていきました。

買っていただいたお客様のアフターフォロー訪問にはよく行っていました。ちなみにカタログやチラシは持って行きません。売りに行くのではないからです。話を聞きに行っていたのです。その後の様子やお客様の近況を聞くためです。

その時は、アポイントを取ってから行きました。そのほうが、じっくり話せるからです。すると、喜んで迎えてくれて、たくさん話してくれて、自然と再購入の話になるのです。営業をしなくても売れていくというようなことがよくありました。

一番驚いた出来事は、広告を売る仕事をしていた時のこと。歯科医院にＤＭを送ったあとに電話をかけました。その時に電話に出られたのが院長の奥様でした。初めてお話ししたのですが、聞くことに専念すると、話が盛り上がり、「今度説明に来てください」と言われました。後日、指定された駅に向かうと、真っ赤な高級スポーツカーが待っていたのです。電話で話した奥様が、ご主人の院長と一緒に私を駅まで迎えに来てくださったのです。「行きましょうか」と言われ、歯科医院に向かうと思いきや、到着したのはおしゃれなレストラン。３人で食事をしながら広告の話をしましょう、ということだったのです。この段階で私はかなりびっくりしていました。

食事をしながら、奥様が「広告をしてみましょうよ」とご主人に楽しく話しています。私が営業することなく、奥様が営業してくれている感じでした。ご主人もニコニコしながら、「いいね。どんな風に載せてもらおうか」とやる気満々でいらっしゃるので、私はどんどん不安になってきました。「あれ？　もしかしてお金がかからないと思っているのでは？」。おそるおそる私は言ってみました。「あの、広告費のことなんですが……」。「大丈夫です。30万円ですよね」と笑顔で奥様は言います。そして「今後のスケジュールはどうなりますか？」と聞かれて、即ご契約！　ランチコースもご馳走していただき、帰りも真っ赤な高級スポーツカーで駅まで送っていただきました。

住宅リフォームの営業の時も、リフォーム後の完成披露も兼ねた「現場見学会」をすると、奥様がご近所の方に私よりも詳しく話して営業していただくということがありました。それも、「長谷部さんはほんといい人よ～。話もいっぱい聞いてくれるし、願いをきちんと形にしてくれるし、毎日現場に来てくれるし。職人さんもいい人ばかりで、もう長谷部さんに頼んだら間違いないって！」と、こちらが照れくさくなるほどベタ褒めして、おすすめしてくれます。

「会社がいい」という言い方ではなく、「長谷部さんがいい」とおすすめしてくれるのがとてもうれしかったです。これは「人」としての差別化を意識して行動してきた成果だと実感しました。奥様が営業してくださって、ひとつの現場で5件も契約になったこともありました。

このような感じで私は、リピートと紹介だけでほとんど売上目標を達成していました。女性客を味方につけると営業はもっと楽しくなりますよ。

04

「売り手も買い手もハッピー」な共感の営業で、お客様から感謝されて売れる営業を

今の私は、「営業が得意で大好き」と言えますが、はじめからそうだったわけではありません。

人と話すのはもともと好きでした。しかし、自分が話すことは好きでしたが、実は聞くことは苦手だったんです。しかも、私が営業職に就いたのは望んではありません。転職先を探していた時、「インテリアコーディネーター募集」というキャッチコピーに反応し、応募しました。私としては技術職・専門職だと思っていたら、なんと営業職だったのです。それまでの百貨店での化粧品販売では、カウンターで待っていたらお客様はどんどん来ます。来られた方に、たくさん買っていただく、次回は指名買いしてもら

う、という努力はしていましたが、こちらから向かっていく営業はしたことがありませんし、したくもありませんでした。

転職して最初はとにかくお客様が見つからない日々が続きました。チラシを折り込んでもポスティングをしても広告を出しても。加えて、飛び込み訪問や電話での片っ端から営業していくという方法をやりました。そこで、お客様から怒鳴られる、無視されるという経験をしました。

私は打たれ弱い人間です。「100件で1件反応があれば苦労は報われる」と先輩に指導されたけど、そんなに強いメンタルは持ち合わせていません。電話も3件かけたあたりでやる気をなくしました。冷静に考えたらそうですよね。迷惑ですよね。まったく興味も必要もない方に一方的におすすめしてるのですから。でも、仕事が1件もなければインテリアコーディネートもできないし、やることもない。じゃあ、どうすればお客様から怒られずに無視されずに仕事を取れるのか、ずっと考えました。

考えて考えて、勉強して勉強して、そして実践してつくり上げたのが「共感営業」というスタイルです。「共感営業」は、お客様が「あなたは私のことをわかってくれている」「あなたには何でも相談できそう」と、営業マンの私に共感してくれる場をつくることからはじまります。

必要な人、求めている人だけに営業するので、無理もお願いもない。そして売り手である私も、買い手であるお客様もハッピーな関係が成立するのです。「共感営業」のやり方については、私の前著『ストレスフリーな営業をしよう！　お客様の満足をとことん引き出す「共感」の営業』（同文舘出版）に詳しく書いていますので、ぜひ本書と合わせて読んでください。

そして「共感営業」のコンセプトにもしている「売り手も買い手もハッピー」というメッセージ。このベースには、ある印象的な出来事があります。**お客様からの「ありがとう」をいただけたこと**です。

当時、私は会社員でした。会社員としての仕事をしただけなのに、お客様は私に「ありがとう」と言ってくださったのです。はじめはびっくりしました。私たちがお客様に「ありがとうございます」と伝えるのは当たり前。でもお客様から「ありがとう」がいただけるなんて！　とてもうれしかったのです。

その時に私は決めました。どうせなら「ありがとう」がたくさんいただける営業マンになりたい！　そうなろう！　と。

「ありがとう」をいただくにはどうしたらいいのか。お客様が本当に欲しい気持ちになっていないのに無理にグイグイ営業したら、売れたとしても「ありがとう」はいただけません。とにかくひとりでも多くのお客様に「ありがとう」をいただける「共感営業」ができるように、常に意識をして営業をしました。その結果、契約いただけるお客様のリピートも紹介も増えたのです。まさに「売り手も買い手もハッピー」を実現することができました。

05

あなたらしい営業スタイルを見つけて

営業が苦手、営業の仕事がしんどいというお悩みをよく聞きます。確かに毎月の目標（ノルマ）があって、プレッシャーや期待に押しつぶされそうになったり、ストレスも多い仕事です。でも私は、売れた時の喜びや目標を達成した時の喜びよりも、お客様に必要とされた時や感謝された時の喜びのほうが幸せだと感じています。

営業の正解はひとつではないのです！

いろいろな営業がいていいし、いろいろな営業スタイルがあっていいと、いつも思っています。もちろん会社員は会社のやり方に反してはいけません。ただ、会社に反さない範囲で、自分が一番やりやすい「売れる方法」を見つけて、自分の得意な営業スタイルを見つけていくことがいい、と私は思うのです。

例えば、私は片っ端からの飛び込み訪問が苦手ですが、今もそのスタイルはなくなっていません。それは、成果を出している人がいるということです。なので、飛び込み営業が得意な人はどんどんやっていけばいいし、苦手な人はそれに変わる方法を見つければいいのです。困っているお客様に必要とされて、感謝されると、とてもうれしいということは、きっとあなたもこれまでに味わってきたと思います。

あなたらしい営業スタイルを見つけるために、本書でできそうなことから、試していってください。あなたが楽しく売れる営業マンになることを願っています。機会がありましたら、あなたのお話も聞かせてくださいね。

おわりに

最後まで読んでいただき、ありがとうございました。

いかがでしたか？　まずはあなたが使えそうなトークから使ってみてくださいね。使いやすいようにカスタマイズしていただいてもＯＫです。

実は私、時々褒められすぎることがあります。

「長谷部さんってすごいですよね。自分の利益や欲望は抜きにして、ただただ相手の幸せを優先してますよね。まるでマザーテレサみたい」と言われたこともありました。

ありがたいですが、これは間違っています。私は、お客様に必要とされたくて、自分の存在価値が認められたらうれしいから、幸せだからやっているのです。

営業や販売は、直接お客様に接することができるので、リアルに反応を感じることができる仕事です。もちろん、うまくいかない時も、迷う時も、落ち込む時もあります。

そんな時に、お客様から「ありがとう」と言っていただいたら、苦しみや悲しみが一気に吹き飛ぶでしょう。

「ありがとう」は私にとって、まさに魔法の言葉です。だから私は、お客様からの「ありがとう」の魔法がたくさん欲しくて前に進みます。努力します。勉強もします。人のお役に立てることが実感できるのはとても幸せです。

本書も、読んでいただく方のお役に立ちたいという思いで書きました。

読んでいただいたことで何か変化が起きる「きっかけ」になれたら、あなたにも魔法をかけることができたら、最高にうれしいです。私も成長し続けていきますので、あなたも成長することを楽しんでください。人は変われます！

最後に、いつも私を見守って支えてくれているみなさま、応援してくださるみなさまに心より感謝いたします。これからも末永いおつき合いをどうぞよろしくお願いします。そして、本書を読んでくださったあなたに、いつかどこかでお会いできますことを楽しみにしています。

２０１７年８月

長谷部あゆ

著者　長谷部あゆからのお知らせ

■ 株式会社 Shuka Berry（シュカ・ベリー）

http://www.shukaberry.com

■ 講師ご依頼・執筆ご依頼の窓口

jimukyoku@c-shuka.com

■ フェイスブックページ「長谷部あゆ（前川あゆ）／「共感される人材」育成講師

https://www.facebook.com/ayu.hasebe.shukaberry/

■ 読者プレゼント

共感営業スペシャルノウハウ
「営業マンが困った時の解決法 Q&A」（PDF データ／ A4 判 16 ページ）

本書の感想を amazon レビュー他に書いて、ご連絡いただいた方にプレゼントいたします。
jimukyoku@c-shuka.com までご応募ください。

■ 既刊本

（いずれも同文舘出版、著者名は前川あゆ）

2011 年 8 月発行

セミナー講師育成率 NO.1 の
セミナー女王が教える
売れる
セミナー講師になる法

夢や目標を実現するための学びの場――それが「セミナー」。セミナーを自主開催するための、集客・告知・フォローの具体的なやり方を事例と共に解説　本体 1,500 円

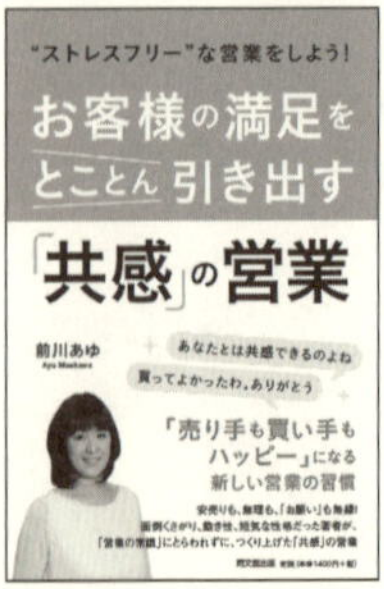

2013 年 4 月発行

“ストレスフリー”な営業をしよう！
お客様の満足を
とことん引き出す
「共感」の営業

安売りも、無理も、「お願い」も無縁！　面倒くさがり、飽き性、短気な性格だった著者が、「営業の常識」にとらわれずにつくり上げた「共感」の営業スタイル　本体 1,400 円

著者略歴

長谷部あゆ（はせべ　あゆ）

「共感される人材」育成講師
株式会社 Shuka Berry（シュカ・ベリー）代表取締役
大阪府生まれ。大手化粧品の店頭販売、住宅リフォームの営業、法人向け広告企画営業で、売上日本一をはじめ輝かしい実績多数。どの業界でもトップセールスだったことから「営業の女王」の異名を持つ。2009年に起業し、営業、接客、販売促進、ブランディングの専門家として、全国各地で講演や研修で人材育成を行なっている他、経営者や起業予定者を対象に、講師育成、ビジネス書著者育成をしている。
20年以上の現場経験を活かして、机上の空論ではなく、聞いた誰もがその日からできる「再現可能な行動」を教えることで、研修やセミナーを一過性のイベントではなく「目的を達成するための手段」にし、結果を出すことを使命としている。ビジネスコンセプトは「売り手も買い手もハッピー♪」。
著書に『セミナー講師育成率NO.1のセミナー女王が教える 売れるセミナー講師になる法』『“ストレスフリー”な営業をしよう！ お客様の満足をとことん引き出す「共感」の営業』（いずれも同文舘出版　著者名：前川あゆ）がある。

※「共感営業®」は株式会社 Shuka Berry の登録商標です

女性の「買いたい」を引き出す
魔法の営業トーク

平成29年9月21日　初版発行
平成30年5月 2 日　2刷発行

著　者 —— 長谷部あゆ

発行者 —— 中島治久

発行所 —— 同文舘出版株式会社

東京都千代田区神田神保町1-41　〒101-0051
電話　営業03（3294）1801　編集03（3294）1802
振替 00100-8-42935
http://www.dobunkan.co.jp/

ISBN978-4-495-53841-5
印刷／製本：萩原印刷
Printed in Japan 2017